山へようこそ

山小屋に爪楊枝《つまようじ》はない

石丸謙二郎
俳優

702
中公新書ラクレ

はじめに

「山のラジオ番組なんだけど、どう?」

ＮＨＫのプロデューサーから、新しく始めるラジオ番組のパーソナリティをやらないかと声をかけてもらった。

雄大な景観を眺めながらのテレビ番組かと思ったら、なんと、ラジオ放送だとか。企画をたてた彼は、何人かに相談してみた。反応はいまひとつ。「いや、絵（景観）がないんでしょ。なんでラジオなの?」と首を傾げる。これまでＮＨＫや民放でも、山に特化したラジオ番組はなかったらしい。しかし、このプロデューサーは続けた。

「大丈夫。ラジオだからこそ活かせる内容にすればいい」

誰か山に詳しい人はいないか……と探していたところ、山も海も自然が大好きな僕のことを思い出してくれたらしい。

「ちょっと内容を考えてみてくれます？」と軽くいわれ、こちらも「はぁ」と気軽に受けてしまった。

はて、どうしよう。山は好きだ。なにしろ九州の大自然あふれる地で育ったのだから。今まであえて公言していなかったが、山登りは50年近く楽しんできた。

まずテーマをリストアップしてみたら、出てくる出てくる。小一時間で80以上のテーマが出てきた。これは面白いものになりそうだ。

プロデューサーと打ち合わせを重ね、2018年4月の土曜日朝から『石丸謙二郎の山カフェ』（以下、「山カフェ」）の放送が始まった。

山の湖の畔《ほとり》に小さな「山カフェ」がある。山好きなマスターを慕って、世界的なフリークライマーや冒険家、きのこ博士に可憐な女性登山家まで、さまざまなお客さまが訪ねてくる。全国の山小屋とリアルタイムで結ぶ朝の電話、リスナー登山者からのお便りも紹介。店内にはコーヒーの香りと懐かしいオールディーズのメロディ……。

リスナー登山者の温かい支援に支えられ、2年目の19年からは倍の2時間に放送枠が広がった。

「山カフェ」が3年目を迎えたころ、新しい企画の話が持ち込まれた。

「山の本なんだけど、どう?」

そうか、本か。話すのは得意だけど、書けるかな。(ま、ブログも毎日書いているし)と、ここでも軽く「はぁ」と受けてしまう。なにしろ、本の依頼がきたタイミングもよかった。

谷川岳のロッククライミングで鍛えたわけでもない「山が好きなごく普通のおじさん」の僕が、19年に「山の日アンバサダー」に選ばれていたからだ。

アンバサダーとは大使の意味。「山へ行ってみたいけど、どうしようかなぁ」とためらっている人の重い腰を押して、山へ誘うのが役目だと思っている。

そんなタイミングもあり、僕も本の世界へ一歩、踏み出してみよう。

最初の一歩を踏み出すことにドキドキするのは、山の世界も一緒。「できるかな？登れるか？」と少々不安もあるけれど、踏み出してみないと見えない風景がある。

山の数え方は、「1座・2座」。毎週1座登って年間52座。10年で500座しか登れない。「山カフェ」で各県の名山を募集すると、毎週驚くほどの応募がきた。これが47都道府県ともなれば、およそ1400という数になる。

目指すのはどの峰にしよう……焦らなくてもいい。山は逃げない。待っていてくれる。まずは身近な山に挨拶してみてはいかがかな。

「お〜い。ヤッホ〜」

きっと、こだまを返してくれる。

では、僕の第一歩はどうだろう。読者の方にはいったい何を伝えればいいのだろう。本書の執筆を引き受けてからずっと考えていたことだ。街には人間の生活がある。山には山での生活があり、大自然の営みがある。そしてそこには危険も、感動もある。

僕自身の山でのいろんな出会いや経験をひとつひとつ思い出してみて、閃《ひらめ》いた。

「爪楊枝《つまようじ》が、山小屋にはなぜないのだろうか？」

ふと浮かんだ、山で感じる些細な疑問。そうだ、素朴な疑問に答えられるような本にしてみよう。この思いが本書を書く大きなきっかけになった。

なにごとも「初心者」だから、楽しめる。毎回新しい発見があるし、失敗もする。どれほど長い間山に登っていようとも、僕はいつまでも、《山の初心者》でありたい。

本書が、みなさんの心と体を山の世界へ少しでも近づけられたら幸いです。

著　者

目次

第3章　登山に向けて、体を整えよう！

第4章 自然現象に強くなろう！

章扉イラスト　著者

山へようこそ

山小屋に爪楊枝《つまようじ》はない

第1章 さあ、山歩きを始めよう！

第一歩、「仲間を探す」

「山には興味があるけれど、初めの一歩が踏みだせない」という人は、まず何をどうすればいいのか……。登山経験者、山歩きに慣れている仲間や友人と一緒に山を歩くのはいかがでしょう。

一緒に山歩きを楽しめる仲間、リーダーになってくれる人を探してみる。親戚、友人、地域の仲間、職場の仲間など、山歩きを楽しんでいる人は意外に多い。むかしやっていたとか、友だちの友だちなど、探してみれば誰かしら見つかるものです。

バーベキュー好きな人やキャンプ好きな人のなかにも、山歩きが好き、テント泊が好きという人がいるかもしれない。いままで山登りの経験がなくても自然が好きだというのは大きな共通点。

登山の雑誌『山と溪谷』や『岳人』などには、全国各地の「山の仲間募集」の案内が出ている。資料を請求するとか、インターネットでその団体の記事を探すなど、自分に合いそうなものを探してみるのもひとつの方法。

先輩とか年齢が離れている人だと気後れするかもしれないので、できるだけ年齢の近い人を探すのがいいかもしれない。割り勘にできる仲、冗談を言い合える仲がいい。

早速、近くの山から歩き始めてみましょう。

その昔、50年くらい前、僕が本格登山を始めたころは、ひとりで山へ行く「単独行《たんどくこう》スタイル」がほとんど。グループにしても学校や社会人の登山部が主流で、男女のカップルとか仲間で2、3人なんてほとんど見かけなかった。

僕の場合、初めは単独。その後、登山を中断していた時期があり、40歳ごろから再開し、仲間たちと歩くようになった。海のスポーツ、ウインドサーフィンなどの遊びの仲間たちだ。

彼らは、登山についてはまったくの初心者。だからなのか、何気ない発見でも子どものように大騒ぎ。山小屋で見る満天の星だったり、早朝のブロッケン現象であったり。（ブロッケン現象とは、太陽を背にして立つと、自分の人影が正面の霧粒に虹のリング状になって浮かび上がる、神秘的で不思議な現象のこと）

「山へひとりで行く」「何人かで行く」このふたつは何がどう違うのだろうか。実はなにもかも、まったく違う。

修行僧のように黙々と登っていた単独行。対して、面白いできごとに驚き、素晴らしい景色にうっとりする仲間との山登り。人それぞれだろうが、今の僕には、仲間と同じ時間を過ごせる登り方が合っている。とてもリラックスできる時間となっている。登山後にも「あのすごい虹を見たのはどこだっけ」などと話が弾むし、一緒に写真を見直しながら語りあうことで、感動がよみがえり共有できる。

ちょっと変わったグループで山登りを大いに楽しんでいる人たちに出会うこともよくある。たとえば、冬に南アルプス北部にある入笠山《にゅうかさやま》（長野県・標高1955メートル）

で女性グループに出会った。住まいも職場も経験もまったく異なる3人だという。

面白いのは、履いているものが3人とも違ったこと。ひとりはアイゼンなしの登山靴、ひとりは軽アイゼン、もうひとりは本格的な12本刃アイゼンを付けている。ストックも持っていたりいなかったり、3人の登山への慣れ具合が垣間見えるようだった。ちなみに僕が履いていたのは「輪かんじき」(日本古来の輪かんじき)だった。聞けば、いろいろなツテで知り合い、一緒に歩くようになったという。

他にも、奥多摩では、主婦同士のグループにも会った。彼女達はご主人を会社へ送り出した後、日帰りの山登りに出かける。パパパッと荷造りをし、主婦仲間と待ち合わせて目的地へ向かう。山頂でおしゃべりをしながらランチタイム。景色も味わい、トコトコ下山して夕食までに家路につく。なんというガッツだろう。もちろん御主人の夕食の支度はしっかりと。う〜む、頭が下がります。

単独行はこんなに危険！

僕の若いころの山歩きは単独行。猪突猛進型で、重い荷物を背負ってただただ歩く。より遠く、より高く、より速く。新田次郎《にったじろう》さんの『孤高の人』を読んで、主人公・加藤文太郎のマネをしていた。背負う荷物をわざわざ重くしてのひとり歩きだ。

たとえば長野県の白馬岳《しろうまだけ》（標高2932メートル）。普通なら、登山口の猿倉から白馬《はくば》大雪渓《だいせっけい》を通って山頂まで約7時間の行程。それを30キロの荷物を背負って5時間で登る。そういうことをするから、頂上直下の白馬《はくば》山荘に着いたとたん、たちまち高山病になってしまった。短時間で一気に高度を稼ぐと高山病にかかりやすいという典型的な例だ。

もうひとつ例を挙げよう。上高地から槍ケ岳《やりがたけ》（長野県―岐阜県・標高3180メートル）の穂先まで。通常9時間半の行程を6時間で登ろうとする。当然、休憩はしない。苦しいと思うのが山歩きだと信じて、とにかく一気に登ろうとする。途中で花を見ることもなく写真を撮ることもない。湯を沸かして食事をするのでもなく、水を飲みポケットのキャラメルをなめながらひたすら登る。当然、槍ヶ岳でも高山病になり、山荘でうなっていた。なんとまぁ、無知だったことか。

じつはほかにも危ないことに何度も遭っている。

雪渓歩きでいちばん怖かったのは谷川岳《たにがわだけ》（新潟県―群馬県・標高1977メートル）。群馬県側の芝倉沢《しばくらさわ》、残雪期の雪渓だ。

長い雪渓を4本刃の軽アイゼンを着けて歩いていたときのこと。300メートルほど先行していた人が、腕を大きく右へ振っている。なんだろう？

幅60メートルほどの雪渓中央に大きな黒い岩がある。僕はその岩を目標に登っていたが、その人の指示通り右方向へ。

岩に近づいてみて驚いた。岩の下側に大きな黒い穴がポッカリ開いている。雪渓が解けてできた深い穴で、中には水がザーッと流れている。先行の方の指示に従わず、まっすぐ岩のほうへ歩いていたら、雪渓を踏み抜き、確実にその流れにのまれていた。

雪渓には「スノーブリッジ」といって雪渓の下に水が流れている部分があること、その雪解け水が雪渓の中央以外を流れることを、当時の僕は知らなかった。雪渓では人の歩いた跡を歩くとか、ベンガラ（赤色顔料）のまかれているところを歩くのが基本なのに。もしザブンと流れに落ちたら、単独行では助けてくれる人はいない。

北アルプス白馬連峰の唐松岳《からまつだけ》と白馬鑓ヶ岳《しろうまやりがたけ》の間に、不帰《かえらず》ノ嶮《けん》という難所がある。数十年前、一般ルートとされていたので行ってみたのだが、ここもかなり危なかった。

岩場がずっと続いていて鎖場も多い。谷底の鞍部を目がけて下って行くと、一ヵ所、岩の間を1・5メートルほど亀裂の入っているところがある。キレットだ。（キレットとは、山の稜線上の鞍部〔低くなっている部分〕のうちV字状に深く切れ込んだ場所のこと）

もし飛び移るのを失敗したら、絶壁をズルズルと滑り落ちてしまう。まわりに人はいないから救助も望めない。どうしよう。飛ぶか、引き返すか。

10分後――エイ！　若さの跳躍力を信じ、思い切って飛び移った。なんとか飛び越えられて、66歳のいまも生きている。

考えてみれば、2名以上で行っていたら、ザイル（登山用ロープ）を使って安全に通過できたはず。これは数十年前の話なので、いまは鎖やハシゴなどで整備対策されているかもしれない。登山初心者のみなさん、間違えても僕のマネはしないでください。

初心者はひとりで山へ行ってはいけない。単独行は道を間違えたり危険に遭ったりすることが多いし、道を間違えたことにすら気づかなかったりする。登山経験者と一緒に行くか、できればグループで行くほうが賢明です。

僕はスマホより、コンパス派

「山に来てまで、歩きスマホ?」と、思わず口にしてしまったことがある。最近はスマホもアプリも進歩して、GPSで自分の位置がわかり、登山ルートや山の名前までわかるアプリもある。そういうものに頼って山歩きをする人が増えてきているようだ。

確かに便利だ。僕も使うときがある。しかし本来の山の楽しみは薄れてしまう感じがする。勘が養われないとでも言おうか。カーナビばかりを頼っていると、道や地図を覚えられないように、スマホだけに頼った山歩きには遭難の危険があると思う。

コンパス（方位磁石）を使っていると、つねに「北はこっち」という方角への感覚が育つ。「地図とコンパスを見て自分の位置を確認し、ルートや周囲の山を確認しながら歩く」という登山の基本は身につけたいところだ。

僕は今でも初めての山を歩くときは、地図をすぐに取り出せるところに準備しておき、いまどこを歩いているのかを確認しながら歩く。腕時計に小型の簡易コンパスをつけて、いつでも方角がわかるようにしている。こういった自分流の工夫をしてみると楽しい。

地図は、コピーを2枚とって1部を手に、1部を予備としてリュックサックにしまっておく。手にした地図が雨に濡れたり落としたりしても、予備があれば安心だ。

初心者の人たちと登るとき、僕が必ずいう言葉がある。

「ガマンをしない」こと。

まわりに迷惑をかけたくないからと、「調子が悪い」「足が痛い」のをガマンしながら歩くと、ますます悪くなる。靴ずれは初期に手当てをすればいいのに、ひどくなってからでは本当に歩けなくなってしまい、それこそ迷惑をかけてしまう。

登山口で、靴ヒモの確認などをすませて歩き始めたら、10分後に一度立ち止まる。ここで靴ヒモの再確認をする。水を飲んだり、上着を脱いだり、ひと休みする。とくに靴ヒモは、きつく締めたほうがいいのか緩めでいいのか、初めは加減がわからない。10分くらい歩けば締め具合がわかってくるので、ここでしっかり結び直す。

そして山頂から下り始めるときにも靴ヒモを確認しよう。僕の場合、歩き始めて5分後に「あっ、締め過ぎたからゴメン」といって結び直す。ヒモ直しの小休止は、ほかの人にとってもひと休みできる効果がある。だから、靴ヒモを結び直すことをためらわなくてもいい。汗をふいて、息を整え直すこともできる。

「ガマンをしないこと」。大事です。

クモの巣に出会えば一人前

登山では登っている時間が長くて苦しく、つらい。とくに歩き始めの30分は体が慣れていない。「なぜまた山に来てしまったのか」と、いつも少し後悔する。

でも、そのつらさは歩いているうちに忘れてしまう。「歩いていれば、いつか山頂に着く」の言葉通り、山頂での喜びが待っている。帰宅して寝て起きれば、もうつらかったことなど覚えていない。「また山へ行こう」となるわけだ。

「なぜ山に登るのですか」と聞かれたら、あなたはどう答えるだろうか。「そこに山があるから」という有名な言葉がある。僕の場合、「山でつらいことがあっても、忘れられるから」と答えるかな。

標高差1000メートル以上の登下行とか8時間かけての縦走。登山は、ほかのスポーツではありえないような長時間、重労働をしている。それでもそのつらさを忘れられる。改めて考えると、じつに不思議なことだ。登山には、体の疲れを吹き飛ばすもの、心に栄養を与えてくれるものがある。たとえば、こんなことがあった。

「あっ、なんだ！　あれは！」

仲間のだれかが山歩き中になにかを見つけたらしい。みんなで見に行ってみると、珍しい景色や変わった植物がそこにあるではないか。

たとえばアケビの実。都会育ちの仲間にとって、山で育ったアケビの実はなかなか見る機会がない。アケビはつる性植物なので、山の中の木に巻きつきながら生長し秋に紫色の実を付ける。木の枝に絡みつきぶら下がっているその実を見つけると、美味しいおやつが手に入ったと大喜びとなる。

山で見られる植物の種類は多い。いつも見慣れているもの以外に、だれも名前を知らないような珍しい草花を見つけることがある。同行者のなかには、意外にも特別な種類の植物にすごく詳しい人がいたりする。面白いモノを見つけたらみんなで写真を撮り、ウンチクを聞く。それが楽しい。

だから、「思ったことは口に出してみる」。

山の登りはたしかにキツいこともあるが、楽しいことを探しながら歩いてみよう。

「うわぁ、またかよ」

早朝の山道で奇声を発している。クモの巣に突っ込んだのだ。

いつも先導者の後ばかり歩いている人は、山にクモの巣が多いことを知らない。はっきりと見えないから先頭の人が餌食《えじき》になる。顔中にネバネバしたクモの巣をくっつけたままでは、いい気分はしない。

とくに、早朝のだれも歩いていない道では必ず引っかかる。クモの巣を払いながら歩くのも先頭を歩く人の役目なのだ。逆にクモの巣がなければ、すでにだれかが歩いているなとわかる。初心者がクモの巣に出会えるようになれば、一人前だ。

ただし例外もある。先日、仲間と朝一番に山へ入ったときのこと。この日の先頭は僕よりやや背が低い友人。その彼が、なぜか屈んで通り抜ける。二番手の僕は、「あれ、なにか地面にあるのかな」と疑問に思いながらもそのまま進む。

その途端、顔面にブアーッとなにかがまとわりつく。

「うわぁ、またかよ！　なんでくぐるのかなぁ」

被害者の僕もワキが甘い。何度か経験しているから学習すればいいのに、ボーッと歩いているときにかぎってこうなる。でも解決策はある。先頭を歩いてもらう人を背の高い人にしてみよう。そして、諭しておこう、ストックか木の枝を振り回しながら進むようにと。

最後尾で、遠慮なく……

先頭を歩く話が出たので、石丸流の山の歩き方についてお話ししましょう。ちょっとした工夫として覚えておいてもソンはないと思う。

初めての山登りの人を連れて行くときに、僕がすることがある。山頂が近づいたら、その人と先頭を交代する。ためらう人もいるが、構わず先頭を歩いてもらう。すると数分後、「あ、あれっ。ここは……着いたぁ！」と大騒ぎが始まる。急に周囲が開けてこれ以上高い所がない。山頂に着いたことを実感するのだ。

山歩きをしていて自分で山頂を見つけることは、忘れられない素晴らしい思い出になる。リーダーの後をついて行くだけの登山では味わえない「感動」がある。グループをふたつに分けて初めての登頂者をふたりにするとか、子どもに先頭を歩いてもらうとか、工夫して山の喜びや楽しみを演出してみるのも面白い。

次は先頭を歩くのではなく、逆に最後尾を歩く話をしよう。グループで山に行き、僕が最後尾（しんがり）を歩いているとき、ときどき前を歩いている女性陣と最後尾を交代してもらうことがある。さあ、なぜでしょう？

登山では食事の時間や内容も普段とは大きく異なる。気圧の関係で、どうしてもお腹にガスがたまってしまう。だれにでもある生理現象「ぷう」を、最後尾で心おきなく行っていただくためである。

山の道具とおカネ

山歩きの楽しみ方は、「何歳から始めるか」によって違ってくるのではないだろうか。たとえば40代後半からの方なら、おカネにも時間にもゆとりができてくるでしょう。だから山歩きにおカネと時間をかけられる。そういう方には、「道具に頼りなさい、道具におカネをかけなさい」とアドバイスをする。

どんなスポーツでも、道具におカネをかけると上達が早くなるし、ラクにできるようになる。ゴルフでもスキーでも、自分に合った道具を2度3度と買い替えてステップアップすると、それが次の上達につながる。道具に頼るというのは、上達へのひとつの方法だ。

山の道具の場合、おカネをかけることによってなにが変わるのだろうか。まず、背負う持ち物を軽くできる。

若いころはおカネに余裕がないので装備類にあまりおカネをかけられない。重たい装備でも気にせず、体力にまかせてどんどん登っていた。それができたからよかったのだが……。中高年になるとやはり体力の衰えは隠せない。

ありがたいことに、最近は驚くほどに軽量化が図られたリュックサックがあるし、コッヘル（登山用鍋）でも極端に軽く、湯がすぐに沸く高機能なものもある。

雨具も充実している。ゴアテックスなどの透湿性素材は高価だけど、快適なので持ち物に加えたい。羽毛服でも非常に軽くて暖かいのがある。懐具合が許すなら、高品質な道具を使ってラクになり、楽しく登ろう。高価といっても、目の玉が飛び出すほどでないのが、山のいいところだ。

もうひとつ別の考え方がある。若い人や、50歳を越えて「遅ればせながら、ちょっと山歩きをしてみたい」という人にお勧めなのは、「とりあえずは、いま持っているのを使って始めてみる」ことだ。

普通の日帰りハイキングくらいなら、靴底にデコボコがあるスニーカーやトレッキングシューズで十分。足首まで覆うハイカットの登山靴でなくても、捻挫をしないように気をつけて歩くことから始めるのも良し。高尾山《たかおさん》（東京都・標高599メートル）登山に、サンダル、ハイヒールはどうかと思うが、本格的な登山靴は必要ないだろう。慣れないうちに重たい靴を履いていると、かえって疲れてしまう。

着古したシャツでも十分！

道具類は、山歩きに慣れ始めてから、たとえば2ステップくらいで買い替えるのがいい。２、３年で買い替えるのか、10年もつのを買うのか、どの山域でどういう山歩きを目指すのか。いくつかのパターンを考えてみる。

ならば、次は登山用品店へ下調べをしに行こう。店員さんがいろいろ説明してくれる。もし登山に詳しい人がそばにいるなら、その人に同行してもらうのもひとつの方法だ。

山のファッションにも流行がある。「モンベル」や「ザ・ノース・フェイス」など人気のブランドもあり、華やかできれいなデザインのものが増えてきた。とくに色彩のバリエーションが増えている。自分なりの工夫をして個性を演出するのも楽しい。

下調べが終わったら、いざ、山へ。まわりの人がどんな靴を履いているか、なにを着ているか、どんなものを持っているか、いろいろとまわりの登山者たちの道具やスタイルを見ることも勉強になる。

山でまわりの登山者を見ていると、中・上級者向けの用具を初心者が揃えている例をまれに見る。

「いろいろな用具や服装をきちんと揃えないと、山へ行ってはいけないんじゃないか」

この考えはよくわかる。しかし、初心者は初心者用でいい。ステップアップしていく楽しみは、初心者の特権だ。

いままで使っていたリュックサックをカッコ悪いと思わないこと。ゴルフなら、古く錆びたアイアンを持っているとちょっと恥ずかしいかな。だけど山はそうじゃない。古い道具でも恥ずかしくない。現に、僕のシャツは着古しケバだらけだし、50歳を過ぎてもジャージのズボンを穿いて山を歩いていた。

リュックサックも、いまは見かけないパイプ製の背負子《しょいこ》を背負い、手にはストックではなく木の枝。そんな格好で山小屋へ行き、「なんか変な人が来た」と逆に覚えられていたこともあった。さすがにここ数年は登山用のシャツやズボンを揃えるようになったけど、初めはまったくの自己流で気にせず満足していた。

汗っかきなもので

山では、夏でも長袖シャツを着て長ズボンを穿く。半ズボンならその下に山用のタイツを履く。山道にはクマザサが多い。これで足を切ると痛くて風呂に入れなくなる。女性は半袖でも日焼け除けカバーをしている人が多い。長袖を着るのは、木の枝や虫対策、転んだときのケガ予防など、いろいろな効果がある。

ただしジーンズは避けること。ジーンズは雨に濡れると重くなって乾かないし、雪がつくと凍りついてゴワゴワに固まるからだ。（実は、僕の実体験です）

木綿のシャツは温かいが、汗が乾きにくくて重いので登山には不向き。登山用の吸汗速乾性のモノを使おう。素材の進歩は著しい。少々濡れると逆に発熱して温かくなるモノまである。

あるとき、「画期的！　バケツの水を浴びてもすぐ乾く」などと銘打たれたシャツを皆に勧められて試してみた。ところが大汗かきの僕にはさすがに対応できていなかった。

僕は非常に汗かきだ。日本で汗かきの上位０・５％以内に入るんじゃないだろうか。どれくらい汗かきなのかというと……。山中で着替えるとき、脱いだシャツを絞るとジヤーッとカップ1杯は軽くしたたる。普通の人では考えられないほどに汗っかきなのだ。

だから着替えを多めに持つ。1泊なら長袖シャツで4枚。汗をかかない人は着替えが1枚なので、僕の場合は非常に効率が悪い。

汗かきでなくても、大事なのは「暑い」「寒い」をガマンしないこと。立ち止まり、脱いだり着たりを繰り返して調整する。汗で濡れたシャツが体を冷やすとカゼをひくことになるからだ。

不思議なことに、一度脱いだ濡れたシャツを再び着ても乾かない。脱がずに着たまま乾かすしかない。脱いだ場合は、リュックサックの上に結びつけて乾かしながら歩く。山小屋に着いたらまた新しいシャツに着替えて、脱いだシャツは山小屋で干して乾かせばいい。吸汗発散性のある山用のシャツを着ていても万全じゃない。まだ機能が過渡期なのでこまめに着替えよう。

忘れがちだが、靴下も大事だ。むかしは木綿の靴下しかなかったから、靴の中で汗をかいて濡れてしまう。これが靴ずれの大きな原因になった。いまは新しい素材のものがいろいろある。僕は化繊の靴下だ。薄手の上に厚手の温かい靴下を重ねて履いている。

登山はガマンするものではない。テニスやサッカーなどはガマンしながらキツい練習をして成長する。プレーしている途中で倒れても、いざとなれば救急車が来る。

登山は違う。ムリしなくても成長できる。どんどん歩けるようになる。ムリをしない、ガマンもしない。

ヘルメットにこんな機能が！

僕は手袋を、夏は1種類か2種類、春秋は2種類、冬には3種類、持ち歩いている。初心者なら、手のひら側に滑り止めのゴムのブツブツがついた安い軍手で十分。ストックを持つなら、このような軍手を使うとよい。

寒さ対策のために手袋は薄手の上に厚手を重ねる。それでも寒ければ携帯カイロを使う。中には体質が特別な人もいる。マイナス5度でも素手で平気、手が火照って暑いから手袋を脱いじゃったという人がいた。寒さへの対応は個人差が大きい。

ただし、頭は「帽子をかぶって温めなさい」といいたい。冬はとくに汗をかいて帽子を脱ぐことがあるかもしれないが、頭を冷やし過ぎないようにすること。

頭を冷やすと思考能力が明らかに下がる。しかもそのことに本人は気がつかない。思考能力が落ちてボトルのフタを締められなかったり靴ヒモが結べなかったりする。頭を冷やすと高山病の一因にもなる。


また、登山用のヘルメットを、いまは低山以外でいつもかぶっている。とくに岩場では落石があるので必需品だ。御嶽山《おんたけさん》の噴火時に話題になったが、火山に行くときには必ず持って行く。もちろん転倒や滑落時の頭部保護が主な目的である。

最近の登山用ヘルメットは軽く、断熱効果があるので直射日光に当たっても平気だ。穴ぽこがあるので風通しも良く、意外に涼しい。

ヘルメットといえば、ある山でビックリしたことがある。岩場を登っていたとき、急に目の前が暗くなった。一瞬のことだ。なにか目の病気なのか。大変だ、どうしよう……。「遭難」の文字が浮かぶ。仲間に確保してもらい、とりあえずヘルメットを脱いだ、すると、「アレッ明るくなった」。

なんと！

このヘルメットは、サングラスが内蔵され、ワンタッチで飛び出すタイプだったのだ。たしか買ってから1年はたっていた。今まで知らなかったとは……便利な道具を持っていたのにお恥ずかしい。

ヘルメットは進化しているとはいえ、やはり真夏には暑い。では、どうする？

そこで手にしたのが、お遍路さんがかぶるような網笠だ。竹や菅《すげ》などでできているから風通しもいい。快適でしばらく使っていたが、ある日欠点に気がついた。風が吹くとあおられるし、笠の後ろの部分がリュックサックにぶつかってしまう。

何かないかと思って探していたら、あった。「モンベル」が天然草を使った笠タイプのハットを開発し、「フィールドアンブレロ」という商品名で販売している。使ってみると軽くて風通しがよく、なかなか快適で、最近のお気に入りである。

山の荷物、基本の〝キ〟

山登りへ持っていく荷物でいちばん大きいものといえば、リュックサック。初めは本格的な登山用のものでなく、いま持っている「リュックに似ているモノ」で十分だ。胸の前で止めるベルトや腰回りのベルトがなくてもいい。山歩きに慣れてくると、自分にどのようなリュックサックが合うのかわかってくる。それから買いに出かけても遅くない。

リュックサックそのものは防水性が弱いので、ザックカバーが必要になる。雨天時はもちろん、晴天時にザックカバーをかけておくと、地面の土の上にもリュックサックを転がして置けるから便利だ。

そして、いちばん重いモノといえば、登山靴。僕はいま、登山用の靴を4種類使い分けている。

- 足首の部分がローカット。ちょっとしたジョギングやトレイルランニング（山野を走る中長距離走）にも使えるタイプ。
- 足首の靴ヒモをかけるフックが１組で、やや靴底が厚い。近くの低山歩きやハイキングで使う。
- ハイカットでフックが３組。足首がガチッと固まり、軽量化が図られていて主に夏山登山用。靴底はしっかりしているが、やや柔らかいので本格的なアイゼンの装着には不向き。
- 冬山用で、気温がマイナス10度でも耐えられるようなしっかりしたモノ。靴底も厚く曲がりにくい。12本刃のアイゼンをつけられるタイプ。そのかわり、片足８００グラム前後と重い。

むかしは登山靴といえば総革製の非常に重たいものだった。片足だけで1キロ以上もあり、これが雨で濡れるともっと重くなる。

いまはゴアテックスなどの透湿性素材。水が通りにくくて汗を発散しやすいのが主流だ。僕も以前は革靴だったが、ゴアテックス製が進化してからは手放せなくなっている。登山用具がいろいろ変わったなかで、登山靴が最も進化したかもしれない。

山登りに持っていくものでいちばん長いモノといえば、ストック。僕がストックを使い始めたのは50歳代半ばから。当初は1本、60歳になってから2本を持つようになった。ストックというと、「杖《つえ》」という印象があって抵抗がある人もいるようだ。

埼玉県奥秩父の両神山《りょうかみさん》(1723メートル)。その岩山のふもとに「両神山荘」というとても親切な女将さんがやっている山荘がある。山菜づくしの美味しい夕食時、ここでお客さんたちとストック・杖談議になった。

「登りも下りもラクになるから使うべし」という人から、「杖を突くようになったら、お終い。オレは山歩きをやめる」という鼻息荒い方までさまざまだ。

僕は「ぜひ使いなさい」という考え。ストックを使うことでラクになり、山をもうひとつ余計に登れるかもしれないと考えているからだ。とくに下りでは、ストックを使うことにより、膝や腰への負担がかなり軽減されている。

ただし山登りをトレーニングとして考えた場合、ストックを使わない歩き方もある。使わないメリットは「バランス感覚」が養われること。ストックだけに頼らないことも時には必要だ。

ストックにも種類がある。握りの部分がスキー用のように直線のタイプと、杖のようなT字型の2種類。

最近は若い人でもストックを使っている。取りつきやすいのは直線のスキー型だが、年配の人はT字型の方が上り下りとも力が入れやすくてよいかもしれない。ほかには、やや重めだが、T字型とスキー型の混合型のストックもある。僕はこのタイプを使っている。

ストックには手首に通すためのストラップ（帯）がついている。登りではストラップに手首を通して歩いていると腕が疲れない。

ただし、下りではストラップを使わないようにしよう。転倒しそうになったときに危険。たとえば、とっさに木の枝か何かをつかもうとするとき、ストックがつかえて邪魔になり、バランスを崩してしまうからだ。

荷物の中身をチラッと

ある日、「山カフェ」の放送で、「先日登山に行きましたが、持って行ったのに使わなかったモノ、家に置いてきたのに使いたかったモノがありました。どうしたらいいでしょう」という質問をいただいた。

「持って行ったのに使わなかったモノには、レインウエア、地図とコンパス、お菓子や予備の食料などいろいろあるだろうね。『使わなかったから次はいらない』ではなくて、

『使わなくてすんだのでよかった』と考えよう。必要なのだから気にしない。使いたかったモノ、足りなかったモノ、それぞれメモをしておこう」と答えた。

たとえば、レインウエア、靴下の予備、着替え用の下着、トイレットペーパーや熊鈴、小銭とか……。毎回の山歩きごとにリストを作って見直し、「今回は山小屋1泊だからこれとこれとこれ。帰りに温泉に寄るから風呂道具も」などとチェックしていれば忘れものが少なくなる。

気をつけたいのは、大きさが違ういくつかのリュックを使い分けているとき。こっちに入れたはずが、別の方に入れていて忘れたりする。出発前には必ずリュックの中を確認しよう。僕は入れ忘れでガックリした経験、何度もあります。

僕のリュックの中に必ずあるものを紹介しましょう。山登りで困るのが生理現象。ガマンできないというか、ガマンするものではない。4分の1くらい使い残したロールペーパーをビニール袋に入れて持って行く。

トイレのことを、山言葉で男性は「キジ撃ち」、女性は「お花摘み」などという。男性の場合、キジを鉄砲で撃つときの腰をグッと下ろす姿勢からたとえたものだという。

このとき、ロールペーパーが必要になる。水に溶けにくいティッシュペーパーではなく、溶けやすいロールペーパーを用意しよう。登山口の公衆トイレでも使える。

そして万が一、山でケガをしたり病気になったときに病院で必要なのが運転免許証と健康保険証。コピーでもよいので、必ずリュックサックの中に入れておく。僕は、コピーとお札数枚と一緒にビニール袋にいれて濡れないようにしている。

山用のカップ(コップ)も欠かせない。チタンなどの軽量素材で取っ手がたためるタイプもある。カップがあるとないとでは山の楽しみ方が変わる。山中、水が湧きだしている所で、冷えたマイカップで水を飲むおいしさ! 水筒に水場の水を汲むこともできるし、山小屋で飲み物をいただくときにも役に立つ。特にビールを注いだときの高揚感は、カップがあればこそである。

山へ行き、お湯を沸かしてコーヒーを淹《い》れ、カップ麺を食べる。山歩きに慣れてくると、そういうこともやってみたくなる。山で淹れるコーヒーのおいしさを知ってしまうと、あとはどんどんエスカレート。いろいろと料理をしたくなる。そんなときに使うのがバーナー用のガス。このガスの使い残しはだれもが気になるところ。残量を確認するために、こんなやり方がある。

ガスの「新品」「3回使った」「残りわずかで○分で使い切った」など、おおよその使用回数・時間とグラム数をそれぞれ計り、記録を取っておく。「まだ○○グラムだから今回の登山分は大丈夫」などと目安ができるからだ。数本あるならグラム数を書いておけば管理できる。なかなか山に行けないときなど、この残りガスとバーナーを使い登山用の食材を自宅で料理し、味見するのも楽しい。

ライターはいろんなことに使えるので、持っていると心強い。ヒモをハサミで切った端をライターで焦がして固める。リュックや衣類のほつれをライターであぶって固める。そもそもハサミを忘れたときに、ライターの炎で切ることができる。

山でなにか伝言を残すこともあるので、紙とペンも忘れないように。そういえば、これについては苦い思い出がある。

夜の登山道でヘッドランプを落としてしまった。運悪くガケの下へ転がり落ち、ピカピカ点滅モード。そこにはどうやっても下りられない。あきらめてその場を去ることにしたが、これを見つけた後続の人が「遭難している」と勘違いし、助けに下りて滑落したらと思うと気が重かった。紙にペンでメッセージを残しておいたら、このような心配をしなくてすんだのに……。それ以来、紙とペンは忘れない。

細引きロープ（3メートルくらい）もあると役に立つ。荷造りに使ったり剝《は》がれかけた靴底を固定したりできる。そうそう、登山靴の底は長年使っていると、剝がれることがある。そんなとき、ヒモか、テーピングテープを持っていると、応急処置ができる。

山のご馳走

山頂で食べる最高のご馳走は、グレープフルーツ。僕の大好物だ。いつもリュックサックに入れて行く。

僕にとって、最初の山のご馳走はレモンだった。汗をかいて登った山頂でレモンにかぶりつく。酸っぱいはずのレモンの味が甘く感じられ、皮まで食べていた。東京に出てきて本格的な登山を始めたころ、レモンの大きさにやや不満を感じた。そして見つけたのがグレープフルーツ。

当時は高額だったが迷わず決めた。山頂に着いたときのご褒美として、グレープフルーツを食べよう。これを楽しみに、キツい坂を一所懸命に登るのだ。

先日、仲間と一緒に谷川岳へ。一般登山ルートから登ったときにも、もちろん持って行った。

「あともう少し。山頂でいつものご褒美が待っているぞ」

厳しい山頂直下、友人に声をかけながら歩いた。汗だくになって山頂に到着。「さあ食べるぞ」とリュックサックの中を探る。

「えっ、ない？　そんなバカな」

思わず声に出てしまった。どうしてもグレープフルーツが見つからない。

「確かに入れたはずなのにどこへ消えたんだ……。もしかして、勘違いして置いてきたのかも……」

頂上でのご褒美であるグレープフルーツを楽しみにして登ってきた仲間は、「もうお前とは絶交だ」とでもいいたげな表情だ。

探しても探しても見つからないので、あきらめて下山した。

ふもとで車の鍵を探そうとリュックサックをゴソゴソしていたら、なんと！　グレープフルーツが出てきた。頂上であれだけ探したのになかったじゃないか。どうして!?

「なんであのときもっと真剣に探さなかったんだ！」

また怒られてしまった。そりゃそうだ。結局、冷えた体で複雑な面持ちのままグレープフルーツを食べた。

彼がいうには、こういうことは山では時々あるらしい。「リュックサックの中の妖精が隠した」となんとなく可愛らしくいわれているらしい。みなさん、経験ありますか？

果物以外にも山頂で食べたいモノがある。疲れているからか、山では酸っぱいものが甘く、甘いものはもっと甘く感じられる。もっともっと甘いものってなんだろう。行動食やおやつとして一口羊羹《ようかん》とか飴《あめ》、キャラメルは一般的だが、ご馳走というなら僕はシヨートケーキが食べたい。だが、山に持っていくのはちょっとムリがある。

でも実は、僕のリュックサックには発泡スチロールの箱で作ったコーナーがある。リュックサックのいちばん下に軽い部分を作って背負いやすくしたものだ。この秘密の空間にやわらかいモノを入れられる。

先日、この空間に「エクレア」を入れて山に登った。山頂で開ける。ぶったまげた。エクレアの袋が気圧の関係でパンパンに膨らんでいる。見た目ビッグなエクレアは、軽くて甘くておいしい最高のご馳走になった。手も汚れないし、オススメです。

登山用のフリーズドライ食品にはいろいろな種類がある。好みで試してみると楽しい。

山やキャンプで調理する前に、自宅でも調理してから味見するのもいい。最近気に入ったのが、役者仲間の永島敏行君からいただいた「フリーズドライの野菜」。味噌《みそ》汁に入れるだけで野菜に戻り、ビックリするほど美味しく、いろいろな種類が出ている。さらに乾燥卵をご存知だろうか？　粉末を水で溶いて加熱するとスクランブルエッグができる。山の食事に加えてみるのはいかがだろう。

山で作って食べるご飯は、ことのほかおいしい。だが、失敗することもある。標高が高くなると水の沸点が低くなり、２２００メートルを超えると摂氏90度台で沸騰してしまう。

だから、平地と同じご飯の炊き方をすると芯が残る。飯盒《はんごう》や鍋のフタに石を載せ、圧が逃げないようにする。さらに水加減多め、炊飯時間長め。経験を重ねるうちに加減がなんとなくわかってくる。バーナーの火力の状態にも注意が必要。火力が弱くて芯が残ってしまうこともある。

山のおつまみに、柿ピーや柿の種を持って行く人が多い。軽くかさばらなくてどこにでも売っているし、ビールにもウイスキーにも合う。歯ごたえも嚙みごたえもあり、人に分けてあげるのにもちょうどいい。この柿の種、じつはカロリーがとても高い。「日本3百名山ひと筆書き」に挑戦している田中陽希《ようき》さんは、いつも柿ピーを持ち歩き、エネルギー補給をしている。彼は、この柿ピーも含めて摂取カロリーの計算もするのだという。

落とし物を見つけたら

山の中では落とし物を結構見かける。山で一度も落とし物をしたことがない、そんな人はいるのだろうか。自慢じゃないが、僕もいろいろと落とし失くしている。

山中の落とし物で多いのは手袋、次が帽子で、サングラスと続く。

手袋は、脱いだときにリュックサックの腰ベルトにはさんだり、ポケットに入れたりして落としてしまう。

帽子は、休憩時に脱いでどこかに置いてそのままということが多い。汗取り用の手ぬぐいを頭に巻いてから帽子をかぶったとき、風で帽子が飛ばされても気がつかないということもあった。

帽子などの落とし物を山で見つけたら、山小屋に持って行くのではなく、近くの木の枝に引っかけておくのがよい。落とした人がまた取りに来るかもしれないからね。僕も伊吹山《いぶき》で登りの途中、帽子を落とし、ガッカリしていたが、同じ道を下山中に、どなたかが、木の枝にかけてくれていて見つかったことがある。有難かったな〜。拾って下さった方の配慮に感謝です。

落として悔しいのがサングラス。かけているサングラスをちょっと外して、帽子のつばの上に置いて歩く。しばらくして、かぶり直すとかで帽子を脱ぐ。サングラスが地面に落ちる。音がしないので気がつかない。

「あっ、サングラスがない」と騒ぐのは、必ずしばらく歩いた後なのだ。山道を引き返して探すのはしんどい。この行為でいくつサングラスをなくしたことか。わかっていても繰り返してしまう。

「山のマナー」にちょっと提案！

北アルプスの燕岳《つばくろだけ》（長野県・標高2763メートル）に出かけたときのこと。北アルプスの登竜門といわれる標高差1000メートルほどの急な登りのある山だ。土曜日は山小屋が混むので、日曜日の朝から登り始めた。

駐車場から登山口に入ると、早朝にもかかわらず早立ちの人がもう下山してきた。さっそく「おはようございます」とあいさつを交わす。その後、下山者が次から次へと現れる。そのたびに「こんにちは」「こんにちは」。途中からいったい何人下りてくるのかと数えたら、なんと480人。

山頂近くにある大きな老舗の山小屋・燕山荘《えんざんそう》とテント場には、480人の登山客がいたことになる。

以前、槍ヶ岳でも同じようなことがあった。このときは学校行事で登山中の生徒たちとすれ違う。中学生が200人くらいはいただろうか。みんなマジメで元気がいいんだ、これが。「こんにちは!」「こんにちは!」を延々と繰り返す。こっちはキツい登りだ。あいさつをしたいのだが、息があがり、声が出ない。

「山ですれ違ったらあいさつをしましょう」というのは、山のマナーの第一歩といわれるし、海外にはないマナーなので大切にしたい。だけどね、どうでしょう。団体の人たちとすれ違うときは先頭の人だけにするとか、何かいいアイデアはないものか。対人センサー付きの「自動あいさつ機」を開発してくれないかな? ……などと考えるのは僕の怠慢だろうか。

ほかにも山のマナーで「?」と思うものがある。

「登山道で人とすれ違うときには、登りの人が優先。下る人は少し待って道を開けてあげる」というのもそのひとつ。

480人とすれ違った燕岳登山のときに痛感した。下りてくる人ごとに、「お先にどうぞ」と待ってくれる。そのたびに「ありがとうございます」「すみません」といいながら、少し急いで登らなければならない。

僕たちは登り。途中は全く休めない。息が切れていても足を速めて登らなければならない気持ちになる。「ゆっくりでいいですよ」と声をかけていただいたとしても、やはりかなりキツい。この状態が3時間以上。ようやく頂上に着いたとき、こんなに疲れたことはなかった。山のルールは、お互いにケースバイケースで考えよう。

そしてもうひとつ。考えてみたい山のマナーは「熊鈴」である。

日本全国、クマ（ヒグマ・ツキノワグマ）が出没する山域では、「クマよけになる熊鈴をつけて歩いたほうがいい」といわれてきた。熊鈴には、「チリーン、チーン」というものと「ガランガラン」というものの2種類がある。

山中では、これが耳障りで非常にうるさく感じることがある。

どんな山にも熊鈴をつけて登る。そんな人が多いように思う。クマのいない所、たとえばクマがほぼいなくなったと言われている九州や四国で熊鈴は必要だろうか。

たとえば北アルプスの白馬岳登山道の途中にある白馬大雪渓。幅が100メートル、全長3キロメートル以上ある広々とした雪渓で、そこを大勢の登山客が歩いている。さすがにクマさんも、出てくる勇気はないだろう。そこでも、「チリンチリン」と熊鈴が響いている。

なかには、「熊鈴をつけていることがオシャレ」と思われている人もいるようだ。実は、何を隠そう僕も昔はそう思っていた。「熊鈴の音が山の音」という意識で鳴らしているかもしれないが、それはほかの人にとって迷惑、耳障りな騒音になっている場合もある。せっかく山歩きをしているのだから、「野鳥のさえずりを聞きたい」「風の音や川のせせらぎを聞きたい」という人も大勢いるだろう。

さらに、山小屋ではとくに配慮が必要だ。まず山小屋へ入る前に熊鈴を外し、鳴らないようにしてリュックにしまうこと。昔は「スズ外しなさい！」と、小屋のおやっさんに叱られたものだった。いまはワンタッチで消音できる熊鈴も売っている。

あるとき、山小屋の中で「チリンチリン」と鳴らし続けている人がいた。やむなく、声をかけてみた。すると、「えっ？　私、鳴らしています？」。

年がら年中鳴らしているからご本人は、鳴っていることに気がつかなくなってしまっていたようだ。特に午前3時ごろの早立ちの人が「チリンチリン」とやると、これは大変な迷惑になってしまう。

北海道や東北地方ではクマの出没例が多く、熊鈴は必須だ。しかし、地方によっては熊鈴の音にクマが慣れてしまい、効果が薄れている山域もあるという話を聞く。グループで歩き、歌ったりおしゃべりをしたりしていれば、クマはまず寄って来ない。みんなで考えてみたい問題だ。

ただ、御嶽山などでの鎮魂の意を込めての鈴の音には、両手を合わせています。

第2章
山小屋に泊まってみよう！

ないない尽くしを楽しもう

「すみませ～ん、爪楊枝ありますかあ？」。山小屋の食事のあとに、声をかける登山客がいる。実は、「山小屋に、爪楊枝はない」。

なぜないのだろう？　ここで初めて気づく。爪楊枝とはぜいたく品なのだ。

食事や寝床など最低限のものを提供してくれるのが山小屋。「個人的に必要なものは各自持ってきてほしい」というのが基本的な考え方。

「爪楊枝は、必需品ではない！」

山小屋の食堂には割り箸もないし、尖《とが》ったものもない。爪楊枝の代わりになるものが、まったくない。器用な人は、戸外の小枝を拾い、ナイフで削って爪楊枝を作ったりする。

おつまみでよく見かける柿の種やピーナッツは、とくに歯に挟まりやすい。年を取ると、どうしても爪楊枝が必需品になるようだ。

あるとき、何人かで柿の種をつまみながらお酒を飲んでいた。そのうちのひとりがなぜか歯ブラシを片手に持っている。変わった人だなぁ。そう思いながらも話を続けていると、歯ブラシの理由がわかった。

彼は爪楊枝の代わりに、歯ブラシで柿の種が挟まった歯をシーシーし始めたのだ。片手にウイスキー、片手に歯ブラシ。山でしか見られない光景だ。

だから山小屋で「爪楊枝をください」なんていう人を見ると、すぐに山小屋初心者だとバレてしまう。山小屋に行くなら、ぜひマイ爪楊枝を忘れないように。

この爪楊枝の件でわかってもらえただろうか。山小屋は、旅館やホテルとはまったく違う。ないないない尽くしだ。(思いつくままに並べてみよう)

- ゴミ箱がない。ゴミは持ち帰る。
- 浴衣などない。寝間着の工夫が必要。ハンガーはないと思ったほうがいい。
- 歯ブラシもタオルもない。持って行く。

・スリッパはあったりなかったり。ないほうが多い。
・サンダルはちょっと戸外に出るときのために用意してあるところが多い。（現在は感染症対策として持参しよう）
・部屋にコンセントがない。スマホ用の充電器やデジタルカメラの予備電池を必ず持参する。充電スペースのある山小屋も一部あるが、制限がある。
・レンタル物はほとんどない。貸し傘はない。たまにヘルメットを貸すところはある。

なにしろ山の中なのだから日ごろの生活との違いを楽しもう。あっ忘れていた。原則として風呂もない。あっても石鹸《せっけん》は使えない。

日帰りではなく泊まりで山に行くときには、絆創膏のほかにカゼ薬を忘れずに持って行く。それも晩と朝の2服。山では朝夕の冷え込みがキツい。山小屋でもテントでもカゼをひきやすいからだ。

朝に微熱があり登山した場合、「これっくらいの熱、たいしたことないよ」なんて微熱を甘くみると大変。下りる途中で動けなくなる。ちなみに、カゼ薬はなかなか眠れないときに睡眠導入剤としても重宝する。

できれば、胃薬も持っていたい。山では食事の時間も内容も普段と変わる。解放感も食欲を促す。女性なら「ご飯をつくらなくていいなんて、最高よぉ」。男性は「明日に備えて栄養補給だぁ」とかなんとか。うれしそうにパクパク、バクバク。ついつい、おかわりしてしまう。お腹はビックリするよね。

ちょっとした心遣い

山小屋には午後3時までに到着しよう。とくに夏場は、2時以降に雷に遭いやすいので2時目標としてもいいくらい。途中でなんらかのトラブルがあっても、到着時間に余裕があれば安心だ。

ただし、早く着いたからといって部屋で騒がない。先に着いて眠っている、あるいは明日に備えて眠れるときに眠ろうとしている人がいる。話をしたければ、食堂かリビング、外のテラスへ。

山小屋にチェックインすると、名前と人数を確認してから料金を支払う。山小屋の料金は1泊7000～9000円のところが多い。さらに弁当を頼むときには、受付時に申し込み、料金を支払う。

山小屋では小銭も千円札も数が限られている。お釣りがなくなる心配をさせないよう工夫したい。あらかじめ料金をビニールの小袋に入れて持って行くなど、ちょっとした心遣いが喜ばれる。

宿泊代以外におカネがかかるものといえば、なんといっても水。雨水を浄化した水は1リットル200円くらい。ペットボトル入りのミネラルウォーターはもう少し高くなる。山では、水は貴重品なのだ。蛇口をひねれば水が出るという山小屋は少数派だと思っておこう。たまに「食堂のお茶はご自由に」という山小屋もあり、ホッとする。

むかしはコップ1杯の水で顔を洗って歯を磨くといわれた。だから、水の使い方を見ていると、その人が山に慣れているかどうかがひと目でわかる。歯磨きは、自然環境保護を考えて歯磨き粉はつけない。歯磨きガムというものもあるし、洗顔シートも利用してみよう。

山の水や渓流の水は基本的に飲めない。きれいに見えても、ひょっとすると動物の死骸などから病原菌が広がっている可能性があるからだ。何十年か前なら、「水は50メートル流れればきれいになる」と教わり、ガブガブ飲んでいた。しかし、いまは違う。地図上で「水場」と記されている水か、「延命水」などと看板が出ている湧き水を汲んで飲むしかない。

僕は、どうしても水が必要なときに備えて簡易浄水器（2000円～1万円）を持ち歩いている。浄水器の中に入れて押し出せば、泥水でも99・99％浄水できる。便利なモノができたものだ。もちろん煮沸できれば、それにこしたことはない。

また、いつも五百円玉を2個持っている。ビールや小物を買うときのためだ。缶ビールは350ミリリットル1本で500円が相場。高い？　そうは思わない。町の居酒屋で飲む料金とさほど変わらないし、缶ビールはいまだにボッカ（人が荷物を担いで山小屋に運び上げること）に頼っているところが多いからだ。

トイレも忘れてはいけない。山小屋のトイレは宿泊者以外は有料で、1回100円が多く、百円玉を専用の箱に入れる方式だから、山小屋泊まりに百円玉は必需品。

おカネといえば賽銭《さいせん》箱に入れる小銭も必要だ。登山口などには山を祀った神社が多い。登山の安全を祈って、お賽銭をあげて拝む。そのときのためにも僕は小銭を何枚か持っていく。持ち合わせがなかったときにお願い事をしていると、何か睨まれているような気がして、首が縮こまる。

このように、山小屋ではすべてそのときに現金払い。「後でまとめて払います」はできない。クレジットカードは？　原則として使えないが、一部で使える山小屋も登場している。これからは増えていくだろう。

荷物を軽くするために小銭まで置いてきてしまわないように。山小屋では両替はしてもらえない。ビールを買うのに一万円札を出しておツリをもらうような迷惑をかけないようにしたいものだ。


迷惑をかけるといえば、コンビニやスーパーにあるレジ袋。これがなかなかのくせ者だ。以前は、リュックサックの中身を小分けするのに使う人が多かった。このレジ袋を触ったときの音が、かなりうるさくて耳障り。夜遅くや早立ちの早朝にシャカシャカやられたらたまらない。

山と溪谷社の萩原浩司《はぎわらひろし》さんが「シャカシャカ」の音量を測ったところ、なんと77～78デシベル。これは電車が通るガード下にいるときの音量だとか。そこで萩原さんが騒音対策に考えたのが、ナイロン製の小袋やスタッフバッグなどと呼ばれる巾着袋を使うこと。

最近は登山雑誌や本で「レジ袋を控えるように」と訴えていることもあり、実際、小屋でのシャカシャカ音はかなり減っている。こんなとき、「山に登る人って、エライなあ」と感心してしまう。人を思いやるチカラが強い。

モノの間違いはかなりの悲劇！

「登山靴が、ない!?」

下足場所が入り口近くにある場合、間違えて誰かに履いて行かれてしまった、なんてことがある。登山靴の間違いは山では致命的だ。残された靴が小さいサイズでは履いて歩けないし、山小屋の人もなにもできない。登山靴は意外と似ているものが多いから、解決法はコレ。

靴に大きく名前を書いたり目印をつける、目印の布を入れる、洗濯バサミやクリップで目印にする、右左の靴ヒモを束ねて独特の縛り方にするなど、ひと目でわかるように工夫しよう。僕は、靴の中敷きをはずして半分出しておく。乾燥もできるし、入れるのがむずかしいので間違われない。

登山靴を各部屋に持っていくシステムの山小屋もある。部屋や廊下を汚さないよう袋に靴を入れて持っていこう。(袋は小屋に準備されている場合もある)

ストックは、登山靴以上に間違われる。ストック置き場には、似たモノが多く区別がつかない。ビニールテープなどを巻いて自分の目印をつける、ストラップの結び方を工夫するなどしてみよう。

レインウエアも似たモノばかり。乾燥室で干すときもひと工夫ほしい。名前やイニシャルを大きく書く、自分の洗濯バサミやピンチを目印にするなどの対策をしておくこと。グループのモノは1ヵ所に集めてわかりやすくし、できるだけ早く取り込む。その場合も、他人のモノでないか、どうか確認を。

食事とお酒、山流のたしなみ方

山小屋の食事時間は夕方の5時か5時半から、朝も5時か5時半からが多い。混雑時には2交代や3交代もある。小屋へ到着した順番に食べるので、遅く着いてしまうと食事も遅くなってしまう。

ご飯と味噌汁はたいていセルフサービスだけど、ご飯は最初から盛られていることもある。量が多いときには「少し減らしてください」と、遠慮せずにいってみよう。ムリして食べると後で苦労する。

お代わりは自由、食材の持ち込みも自由。たとえば、ふりかけや梅干し、タクアンや缶詰、ソーセージに卵焼きなど、持ってきたものを食卓に出して食べてもかまわない。ただし、出たゴミはすべて自分で持って帰る。

山小屋での食事は楽しみのひとつ。とはいっても、食べられるものは限られている。山小屋では不思議と食が進む。いつもご飯を1杯しか食べない人が、大盛りにしたりお代わりをしたり。お味噌汁のお代わりができるところもあり、どうしても食べ過ぎてしまう。出されたもの、お皿の上に載っているものは全部食べたくなる。以前、ある山小屋で食事が終わったとき、皆の皿の中に緑色のビニールでできた仕切り（バラン）が残っていた。不思議なことに僕の皿には無い。もしかして食べちゃったのかなぁ～？

いつでもなんでも食べられる町中と違って、山では食べられるものもタイミングも限られている。ある種の軽い飢餓感に捉われているのかもしれない。

そして食後には、同じ食器同士を重ねたくなるが、これはやめておこう。「食器の底にほかの食器の汚れがつかないようにする」のがマナーだからだ。山小屋によっては食器洗い用に使える水が限られている。

お酒も持ち込みは自由。ただし、食事時に混んでいるときはあまり食堂でゆっくり呑んでいられない。食堂の滞在は30分くらいにして、「食事を一度終えてからあらためて呑む」のが作法である。

仲間以外の人へお酒をムリに勧めないようにしたい。むかしは遅くまで酒宴が盛り上がった。

「まあまあ、いいから。ちょっとつきあいなさいよ」

「さぁさぁ、酒は百薬の長というじゃないか」

酒をあまり呑まないのにムリやり勧められ、次の日に難儀する人もいる。いまは断ればムリに勧められることもない。やさしい時代になった。

僕は山登りでは、ウイスキーなどのアルコール度数が高いものを小さめのペットボトルやハードボトルに入れ替えて持ち運ぶ。

ただ単にお酒が好きだから持っていく。そういう人もいるが、お酒を山へ持っていくもうひとつの理由は、お酒の力を借りるため。冬山や標高のある程度高いところで体を温めたり、なかなか眠れないときに眠りやすくするといった理由。だから、一度に呑む量はそれほど多くない。

いつも生活している平地と比べて、山は空気が薄い。標高2500メートルを超える山小屋だと普段の酒量の3分の2くらい、標高3000メートル以上だと普段の半分くらいの酒量で酔ってしまう。上空の航空機の中よりもずっと空気が薄い。酔いやすいので要注意だ。ついつい呑み過ぎて、なぜか頭の一部がさえてきて逆に眠れなくなってしまう。翌日の頭痛が「二日酔いなのか高山病なのかわからない」なんてこともある。山小屋ではお酒は楽しくほどほどに。

星空観察、とっておきのコツ

登山に行くと、楽しみなのは空の美しさ。明るい時間帯はその青さや雲の動きを観察し、陽が沈む夕方の、刻々と変わっていく夕焼けが楽しめる。高山は空気が澄んで町の明かりも遮断されるので、夜は星がとてもよく見える。数えきれないくらいの星だ。

まずは、日没から2時間くらいまでの空を眺めてみる。ものすごい速さで動いている星らしきものが見えるはずだ。それが人工衛星。太陽の光が人工衛星にあたるので星よりも明るく光って見える。むかしは東から西へ動いていたが、いまはバラバラ。思ったよりすぐに見つけることができる。調べれば、国際宇宙ステーションだって指さすことができる。

夕方になると宵の明星・金星は明るいので見つけやすい。その近くに光り輝く木星。さらに火星や土星など黄道の星たちがいるはずだ。木星をちょっとお高い値段の双眼鏡で覗いてみると、４つの衛星（イオ・エウロパ・ガニメデ・カリスト）のどれかを確認することもできる。惑星と衛星の距離感を宇宙空間で実感してしまう。

秋になると、北の空にアンドロメダ大星雲が見える。僕らの住んでいる太陽系銀河のすぐ隣にある銀河だ。２３０万光年くらい離れている。視力に自信がある人なら肉眼でも見ることができる。

東京の夜景を撮影するなら、神奈川県の丹沢の３つの山荘がお薦め。

・塔《とう》ノ岳《たけ》（標高1491メートル）の尊仏《そんぶつ》山荘

・丹沢連峰最高峰・蛭《ひる》ケ《が》岳《たけ》（標高1673メートル）の蛭ヶ岳山荘

・丹沢山《たんざわさん》（標高1567メートル）の、みやま山荘

いずれも晴れた夜には東京方面の素晴らしい夜景を見下ろせる。しかし、夜景をデジカメで撮影するのは難しい。そこで僕のこの方法を紹介しよう。

・2秒タイマーをかけて、手ブレを少しでも防止する。

・ゴリラグリップという簡易三脚を使うなどしてカメラを固定する。

・頭三脚と僕は呼んでいるが、自分または友人の頭上にカメラをしっかり固定してシャッターを押す。（友人には2秒間、息をこらえてもらう）

これで、意外と綺麗に撮影できます。お試しあれ。

ああ！　眠れない！

「山小屋では眠れない」という経験がある方が多いと思う。僕もそのひとり。理由はなによりも自分自身が興奮しているからだ。さらに、標高が1500メートル以上の高山では思った以上に空気も薄い。かなり寝苦しく、なかなか眠れない。

これらは個人の体調の変化も原因のひとつだが、他人の行動で眠れないこともしばしばある。最近の山小屋では個室のあるところも増えてきたが、まだまだ30人くらいの男女相部屋というのが少なくない。中学校や高校の修学旅行のような感覚だ。平均年齢はググ〜ッと高くなるんだけど。

こういう状況では「消灯後はスマホやタブレットを音が出ない状態にしておく」ことが、山小屋に泊まるときの最低限のマナー。

山小屋の消灯時間は早く、夜8時頃。あとは真っ暗になる。その後トイレに行くとなると、ヘッドランプをつけていくことになる。これが意外とまぶしい。周りに光をこぼすと、みんな目が覚めてしまう。ヘッドランプの明かりを手で包むようにコントロールすることなど工夫したい。

部屋を出てからスリッパでペタペタ歩く音、これもまた意外とうるさい。宿泊客が少人数ならまだ耐えられるだろう。しかし、これが30人部屋で何度もペタペタが繰り返されるとなかなか眠れない。面白いことに、「まったくあいつら、うるさいんだから」なんて文句をいっている人が、ペッタペッタといちばんうるさい音を立てていたりする。夜は猫になったつもりで歩いてみよう。

山小屋のトイレは別棟にあることが多いので、場合によっては満天の星に出会えることもある。初めて山小屋に泊まった人は夜景の素晴らしさに「オオーッ！」と感動する。そこでひとり、感動していればいいのだが……。この思いを教えてあげたいあまり、戻ってくるなり「星がきれいだったよ～」と仲間にささやいたりする。場所は雑魚寝《ざこね》状態の山小屋。小声のささやきは、聞こえないようでいて実は、部屋中に聞こえている。

「わかってるよ。みんなトイレへ行ったときに見ているんだから」

みなさんそう思いながらも寝たふり状態。

山小屋の寝床は上下二段式になっているところが多い。上段のベッドにはハシゴで登り下りする。ここで質問。「あなたは二段ベッドの上段派ですか、下段派ですか？」

僕は下段派。どちらでもいいのであれば下段で寝たい。理由は「上段は怖い」から。二段ベッドの高さなんてたいしたことはないと思う。それはそうでしょ。これから山へ登りに行く人たちなのだから。

でもね、考えてみてください。上りより下りが怖いんです。

「どうして？　二段ベッドの上から下りるだけなのに」

ではみなさん、まずは明るいところでやってみましょう。どうですか？

「後ろ向きになると不安になります」

「最初のひと足をハシゴにかけるのが思ったよりむずかしい」

その通り。二段ベッドの高さを甘くみてはいけませんぞ。明るいところでさえこういう感想になる。とくに、お酒を飲んだときや夜中にトイレへ行くときは危ない。うす暗いなかを後ろ向きに、足探りで降りる。難易度はかなり高い。

むかしから夜中の山小屋は意外と賑やか。クマのような唸り声「グオー」。パッと飛び起きたかと思うと「なんだ、おい。そうか。わかった」などと意味不明の声をあげる寝言。頭の神経をさかなでする歯ぎしりの「ギィィー、ギリギリッ」。安眠妨害の三拍子に以前は眠れなかったものだが、最近は高齢の方が多いせいか、だいぶ静かになった。

あとは、「ぷう」という生理現象。これもひとりが始めると、あっちこっちでやり始めて次第に合奏のようになってしまう。翌朝はうってかわって、昨晩の「ぷう」などなかったように「知らんぷりしてだれもその話をしない」なんていうところが、また山小屋らしい。

布団を畳むと、いいことがあります

山小屋では早立ちの人用に弁当を作ってもらえる。出発前日のうちに渡されるので、たとえば朝と昼の弁当をお願いした場合、2つを寝る前に受け取ることになる。

朝、3時出発となった場合——。寝る前にほとんど荷造りをし、夜中の2時にマナーモードのバイブ機能などでこっそり起き、そっと寝床を抜け出して食堂へ行く。

音を立てないように、そのときはまだ布団を畳まない。明かりもなるべくつけたくない。食堂に用意してあるポットか自分の魔法瓶からお茶を注ぎ、静かに朝食用のお弁当を食べる。仲間とは身振り手振りのパントマイムで伝えるなど、いかに音を立てないか自分なりに工夫する。

たとえば剱岳《つるぎだけ》登山。ほとんどの人が早立ち。ところが、前日に剱岳から降りてきて今日は違う山へ縦走という人もいる。その人たちは通常の出発なので彼らの睡眠を妨げないようにしたい。早立ちの人の多さにつられて、しだいに声や音も大きくなるので注意しよう。

登山客が山小屋を出て行った後のこと。布団の中への忘れ物が増えているという。夜寝るときに布団に持ち込むモノ、たとえばヘッドランプや懐中電灯、衣類、そして携帯電話。

とくに携帯電話やスマホは仕事の情報などが入っているので、万が一忘れると、忘れた方も見つけた方も困る。忘れた小屋まで取りに行けるだろうか。「見つかったら送ってください」と連絡できたとしても、どうやって送ってもらうのか……。

では、スマホなど山小屋への忘れ物を減らすコツはあるのだろうか？　ある。

「翌朝、退出する前に布団を必ずきちんと畳む」

これでＯＫ！　忘れ物をしやすいのはダントツに布団の中なのだ。これでほとんどの忘れ物が防げる。後で小屋の方が布団を畳み直すのだが、きちんと畳んだ布団の中に忘れ物はないと、小屋番さんはおっしゃる。

ドタキャンは大変なことに……

山小屋の方が忘れ物以上に困っているのが、キャンセルの連絡をしてこないこと。以前は事前の予約をしない「飛び込みＯＫ」とか、電話予約がしづらい山小屋もあったが、いまはほとんどの山小屋が予約制になっている。今後はおそらく全山で完全予約制になるのではないだろうか。

もちろん山小屋として緊急避難の人を受け入れることはあるだろうけど、「飛び込みＯＫ」ということではない。飛び込みばかりだと予定が立てられず、経営が成り立たない。

「なんらかの事情で行けなくなったら、必ず山小屋へキャンセルの連絡を入れる」のが最低限のマナー。これはしっかり守りましょう。

予約した人が来ないと山小屋ではどうする？　「もしかして遭難したのかも……」と心配し、捜索隊の出動を検討することにもなるからだ。捜索要請とはいわないまでも、準備くらいは考えている。

「予定の時間に着いてなければキャンセルだってわかるだろ」

「キャンセルの連絡って、謝らないといけないんでしょ。なんかイヤだな」

こういった理由で連絡しない人には、山小屋の人たちの心配する思いを少しでも知ってほしい。

とくに最近はキャンセルの連絡をしない人が増えているそうだ。山小屋によっては経営にかかわる。一部を除いて山小屋の経営はそれほどラクではない。営業できるのも年間4～5ヵ月。こんな短期間に想像以上の利益は望めない。どうか、キャンセルの連絡は、必ず入れてください。

むかしの山小屋は、1泊あたり米3合を持参し食事にありついた。それだけの準備が必要だったなんて今では信じられないかもしれない。というのも、当時の山小屋はヘリコプターの荷上げもなく、すべてが人力で上げるボッカ。登山者は、山小屋に対しても「泊めていただく」「お世話になる」という感覚だった。

山小屋のオーナーに「ふもとから薪を1本持ってきて」といわれることもあったし、「山頂の自然回復のために石を1個持って登ってきて」と頼まれることもあった。山へ向かう側と受け入れる側の古き良き関係だろうか。

２０１８年、御嶽山（長野県―岐阜県・標高３０６７メートル）の二ノ池ヒュッテが再建され、新しく高岡ゆりさんという女性がオーナーとなった。小柄な彼女がほとんどの荷揚げを行う。1回に35キロほどを背負い、標高２９０５メートルのヒュッテまで登るというからビックリ。

高岡さんとは冬の北八ヶ岳《きたやつがたけ》、黒百合ヒュッテで偶然会った。このときの小屋番の青年が山本くんといい、彼は夏は北アルプス水晶小屋の小屋番をしている。彼はエベレスト登山を目指し、なんと同行ガイドは「山カフェ」でおなじみの倉岡裕之さんにお願いしているという。いまの山小屋はこういう方たちの地道な努力によって支えられている。

山小屋は、ホテルではない。山小屋の人たちが登山道の修復をし、雪のあるときには雪崩《なだれ》が起きないように踏み固めをしてくれる。行方不明者の捜索や遭難者の救助もしてくれる。

安全のための料金と考え、感謝の気持ちをもち、小銭を用意する。

さらに僕は、爪楊枝を忘れない。

第3章 登山に向けて、体を整えよう！

「念のため」を大切に

「行きは沢を登り、帰りは尾根を下る」――この登山計画にはメリットがある。沢を登ることのメリットはこうだ。沢は石ころがゴロゴロ。足を水平に置くことができる。そのため、ふくらはぎにかかる負担が少ない。一歩一歩、階段を上るように歩けるので効率がいい。登り始めは緩い勾配。ゆっくり歩いているうちにだんだん体が温まって足が慣れてくる。その後、徐々に斜度がきつくなり、最後に山頂直下の急傾斜を登ることになる。

下りを尾根道にするメリットは、落ち葉が積もって土になった道が多いことだ。フカフカなところもあり、膝への負担が少ない。山頂から尾根道をたどってみよう。下りに慣れていない歩き始めは斜度が緩いところを歩き、下って行くに従い急坂になるという登山道が多い。

もし、これを逆に尾根道から登り始めてしまうとどうなるか。いきなり急な登り坂、しかも滑りやすい土の道で足元がしっかりしない。さらに土の道は足を水平に置けないので、ふくらはぎに負担がかかる。

また、下山するときに沢を下ると、石の上をガツンガツンと歩かなければならない。これが膝や腰に大きな負担になる。

「沢を登り、尾根を下る」登山計画は、すべての山に当てはまるわけではないが、僕のお勧めコース。参考にしてみてほしい。

登山計画を立てたら、次は登山届を出そう。日帰り登山でも、登山届を出す（登山カード・登山計画書を山麓の箱や警察に提出する）習慣をつけたい。登山届には、メンバーの氏名・緊急連絡先・登山ルートの計画などを書式にならって記入する。

登山届の目的は、自分たちが遭難したときに捜索してもらうためだけではない。遭難した人を探す手立てになる。その山域で遭難者が出たときに、同じルートを歩いていた人を探し、遭難者をどこかで見かけていないかを調べるためだ。

そのルート上の何人かに聞けば、遭難者の服装をした人が何時ごろどこにいたか、かなりはっきりわかってくる。目撃情報がないところから先にいる、あるいは滑落している可能性があり、それを参考に捜索隊が行動することができる。

万が一のケガや遭難に備えて山岳保険もお勧めしたい。山で動けなくなると、捜索・救助費用が膨大にかかる。ヘリコプターが一度飛ぶと１００万円くらい。遭難して捜索隊が出ると１人１日当たり数万円という日当が必要になる。

たとえば、転倒捻挫して動けなくなった。日没が近づいて、運よく救助可能なヘリコプターと連絡がついたとする。救助が実費になると聞いて、「じゃあ救助しなくていいです」といえるだろうか。断ることによって命をなくすかもしれない。

自賠責と違って、登山に必ず保険が必要なわけではない。しかし、登山ツアーはどうだろう。ほとんどの登山ツアーでは、登山保険への加入が必須条件。標高の高い山へ行くツアーでなくても、「登山保険への加入」を旅行の条件にしていることが多い。

「私は高山や危険箇所に行かないから、保険は必要ない」という人もいると思う。しかし、ご存じだろうか。たとえば、多くの人が日帰り登山を楽しむ東京の高尾山では、道幅1メートルの片側が切れ落ちてガケになっていたりする。ちょっと滑ると非常に危険だ。そのためか、年間数多くの遭難者やケガ人が出ている。山頂近くの掲示板では最近の事故事例が紹介されている。あまりにも救助要請が多いので、高尾山専用の救急車まで準備してしまったほど。

「低山ほど危ない」ということをしっかり頭に入れておこう。高山ではルートがはっきりしているから迷いにくいし、危険な箇所は自ずとみんな気をつけて歩く。一方、低山は道がたくさんあるので迷いやすいのだ。僕も実際、道に迷い冷や汗をかいているのは低山だ。

登山保険には単発の登山保険、年間のものなどいろいろなタイプがあるので、自分の登山スタイルにあったタイプを選んで入るようにしたい。

おしゃべりが高山病予防!?

僕は、役者という仕事をする一方、海や山へ行くので「日焼け止め」はむかしから必需品だ。ここでひとつ「石丸式クリームを顔面に塗りこむコツ」を公開しよう。

日焼け止めクリームは決して手のひらに出してはいけない。その手でつかんだものにクリームがついたら、アウト。リュックサックでもなんでも、ベタベタになって取れなくなってしまう。

クリームは、手の甲に出す。両手の甲で練り直し、手の甲で塗る。手の甲で顔から耳の裏までしっかりと。そのうちに慣れてきてムラなくうまく塗れるようになる。男性の場合はとくに耳の裏側と首の後ろ側にも。髪の長い女性では隠れている部分だが、男の人は忘れず塗るように。

「山カフェ」に登場してもらったモデルの仲川希良《なかがわきら》さん、ＫＩＫＩさん。ふたりとも山登りをしているのに肌がとても白くてきれいだ。秘訣を聞いてみた。

「もちろん当日の日焼け対策は必要。でも実はそれより、山登りの前日のスキンケアが大切。かなり徹底してやったほうがいいんです」

「登山終了後に日焼け止めクリームを落とすことも大切。メイク落としのシートを3枚くらい使ってクリームを拭き取り、クレンジングクリームでしっかり洗い落とすのがポイント。さらに乳液などを使ってお肌のケアを」

そうか、いいことを聞いたぞ。僕も役者として肌の手入れは欠かせない。ふたりの話を聞いてから、前日の肌パックなどのスキンケアを念入りにやり始めた。どうだろう。かなり効果が出ている気がする。


次は、体について考えよう。山登りは、平地から高い所へ登るにつれて体に変化が出てくる。そう、高山病。人によって度合いは違うけど、同じような症状だ。

僕が初めて高山病になったときのこと。標高2800メートルくらいの山小屋で、カゼをひいたのかと思った。頭痛がして寒気がする。カゼの初期症状のように体が重い。登山の疲労はあるがそれとは違う感じ。船酔いともまた違う。

寒気を感じ、カゼ薬を飲んで寝てしまった。当時は知らなかったが、これは絶対にやめておこう。カゼ薬には睡眠を促す成分が入っているのですぐに眠くなる。この眠気が高山病には大敵なのだ。

高山病になったら酸素をできるだけ多く取り入れる必要がある。息を大きく吸って吐いて、より多くの酸素を取り込む。ところが眠ってしまうと呼吸が浅くなる。酸素を大量に取り込めなくなり、高山病が悪化する。

だから３０００メートル以上で高山病にかかった人がいると、まず眠らせてはいけない。大切なのは、意識して大きく呼吸をすること。

登山の途中から高山病の頭痛に襲われることもある。場合にもよるが、軽い症状なら水分を多めにとるといい。たとえば、ストレッチをして血の巡りをよくする。仲間とおしゃべりをしながら酸素を取り込む。そんなやり方もある。

女性が高山病になりにくいというのは「声を出し続けることで酸素を取り込むから」という説がある。この説に、僕は賛成票を入れたい。

どこの山だったか、女性3人組と一緒になったことがある。彼女たちはよく話す。山頂直下の急な上り坂の手前。これから気合を入れなければならないところですら関係ない。

「この前あ～たがおっしゃったKさんがそういうのよ」

「そうそう、びっくりよ」

さあ、最もきつい上り坂にかかった。

「あぁあ、こんなキツい坂ばかりでイヤ」

「あら、でも先日登ったF山はもっとキツかったじゃない……」

ふもとから山頂まで3時間、しゃべりっぱなし。しかも、休憩中は機関銃連射のごとくおしゃべりが弾む。いやあ、よくまあ話題が尽きないなぁ。これだけ口元を動かしていると酸素が体中によくまわり、高山病にはならない。そう思わされた3時間だった。

女性が3人集まるとたしかに姦《かしま》しい。クマも寄って来ないだろう。元気がいい証拠だし、明るくていいではないか。

なにを隠そう、僕も同類だ。役者仲間の永島敏行君に「石丸さんを鳥にたとえると、ミソサザイかな。ひとりでよくしゃべるから」と、彼が「山カフェ」にお客様として遊びに来てくれた際に言われた。「ひとりで」というところが気になったが、ま、いいか。

確かに、ミソサザイはよくしゃべる。

塩分の摂りすぎにも注意しよう

20歳から僕は芝居中心の生活。不摂生、不健康、暴飲暴食の時代だった。ようやく健康について考えるようになったのは35歳ごろからだろうか。

60代半ばを過ぎたいま、食事と健康の関係でいえることはこれだ。「いま自分が食べたものが、10年後の自分をつくる」ということ。

35歳のときに食べたものが45歳の自分を、50歳のとき食べたものが10年後の60歳の自分の体をつくると考えている。

今日食べたものが、明日とか来月の自分をつくることはたぶんない。「この食品が体にいい」といわれても、即効性があるとは思えない。しかし、今日の食事が将来の自分の体をつくるのだ。35歳ごろからそう考えて食生活が変わった。

そして、いくら体にいいからといって、嫌いなものをムリして食べる必要はないというのが、僕の食生活の基本の考え方だ。

朝食はしっかり食べる。昼食は軽めで、夕食は低カロリーで脂質の少ないものを、バランス良く。

一日のうちに空腹の時間、胃を空にする時間をつくる。腹ペコだとなにを食べてもおいしい。朝は空腹を感じて目が覚める。「あーお腹すいた」が朝の一声。

いろいろなものを食べるのが体にいい。毎朝の味噌汁は、箸が立つほど具がいっぱい入っている。納豆と魚の干物は必須で、果物を絞ってジュースにして飲む。ご飯は少なめにして肉や魚はたくさん食べる。1日30品目は、軽くクリア。こういう食生活をここ30年間、意識して続けてきた。いまのところ薬もサプリメントも飲んでいない。健康優良爺だ。

塩分に気を遣い始めたのは30代後半からだ。仲間たちを家に呼ぶ。僕が料理を作るのだけど、当初は「味が薄い」といわれ続けた。でもね、そんな評価は無視した。薄味のほうが体にいいんだから。

味噌汁でもなんでも出汁《だし》をしっかりとり、塩分を少しずつ控えめにして出し続けた。すると不思議なもので、「味が薄いじゃないか」とブツブツいっていた仲間たちが「塩分が濃いものはおいしくない」といいだした。そりゃそうだよ。薄味のほうがあきらかにおいしい。食べ物の本来の味がよくわかる。「みんな、やっとわかったかね」などと、上から目線で少～しだけ自慢してみた。薄味のほうがうまいとわかってから、塩分はむかしに比べると3分の1から4分の1くらいに減っているんじゃないかなと思う。

塩分の摂りすぎが体にどう影響するのか。体は正直だからすぐに教えてくれる。

たとえば、日帰り登山。「今日はいつもよりノドが渇くなあ」と感じることがある。僕の場合、暑さばかりではなく、朝食の塩分の摂り過ぎが原因だ。朝のドライブインでそばつゆを飲み干してしまう、これでもう1日分の塩分を摂ったことになる。その後いくら水を飲んでもノドの渇きはいやされない。前日の夕食から塩分の摂り過ぎには気をつけよう。「山へ行くと、汗で塩分が出ていくから塩分を補充しなさい」といわれる。だからといって、塩を直接なめるのはいかがなものだろう。ナトリウム飲料や塩飴などから塩分を摂るほうがいい。

そして昼食用にと準備したカップ麺の成分表示を見て欲しい。どれくらいの塩の量が入っているかが表示されている。

「エエーッ、こんなに入ってるのか！」

思わず叫びたくなるほど塩分がてんこ盛り。カップ麺1杯で1日分の塩分摂取量をオーバーしてしまうものもある。

山では、カップ麺のスープを山中に捨てるのはルール違反。だから、スープは飲み切ろうとしてしまう。でも、大丈夫かな？　ノド渇くよ。では、カップ麺は食べないほうがいいの？　いやいや大丈夫。スープが小袋に入っているタイプのものを選べばいい。小袋の粉スープの半分の量でつくればいいのだから。

山小屋の食事は、どちらかというと味が濃い。しかし、これは責められない。登山客への塩分補給の意味もあるし、保存するために塩を使っているものも多い。

ここでもひと工夫しよう。味噌汁などはお湯で薄めることができる。朝食で食べるふりかけや漬物なども体と相談して、美味しいからといって食べ過ぎない。山道でノドの渇きに苦しまないように。

石丸式のびのびストレッチ体操

実はその昔、僕はダンス教室の先生をやっていた時期がある。ストレッチの必要性に関しては、口角泡をとばす自信がある。できる範囲のモノをご紹介します。

歩き始める前にストレッチをやりましょう。下山後の疲れ方が大きく違う。ストレッチは、反動をつけず筋肉に力を入れない。ゆっくりジワッと痛くない程度に行う。箇条書きで説明しよう。

- 足のふくらはぎを伸ばす……縁石などに足先をかけ、グーッと片足30秒くらい。筋肉に力を入れない。（次ページイラストⒶ）
- 腿の筋肉を伸ばす……両足を左右に大きく開く。呼吸をゆっくり吐きながら腰をグッと落とす。両足ともゆっくり。
- 腰の筋肉を伸ばす……腰を左右に大きく回す。10回くらい。
- 両肩の筋肉を伸ばす……両肩を大きく回す。前から10回、後ろから10回。
- 足首をくねらす……片足ずつ登山靴の外側（小指側）へ曲げる。捻挫をしやすい方

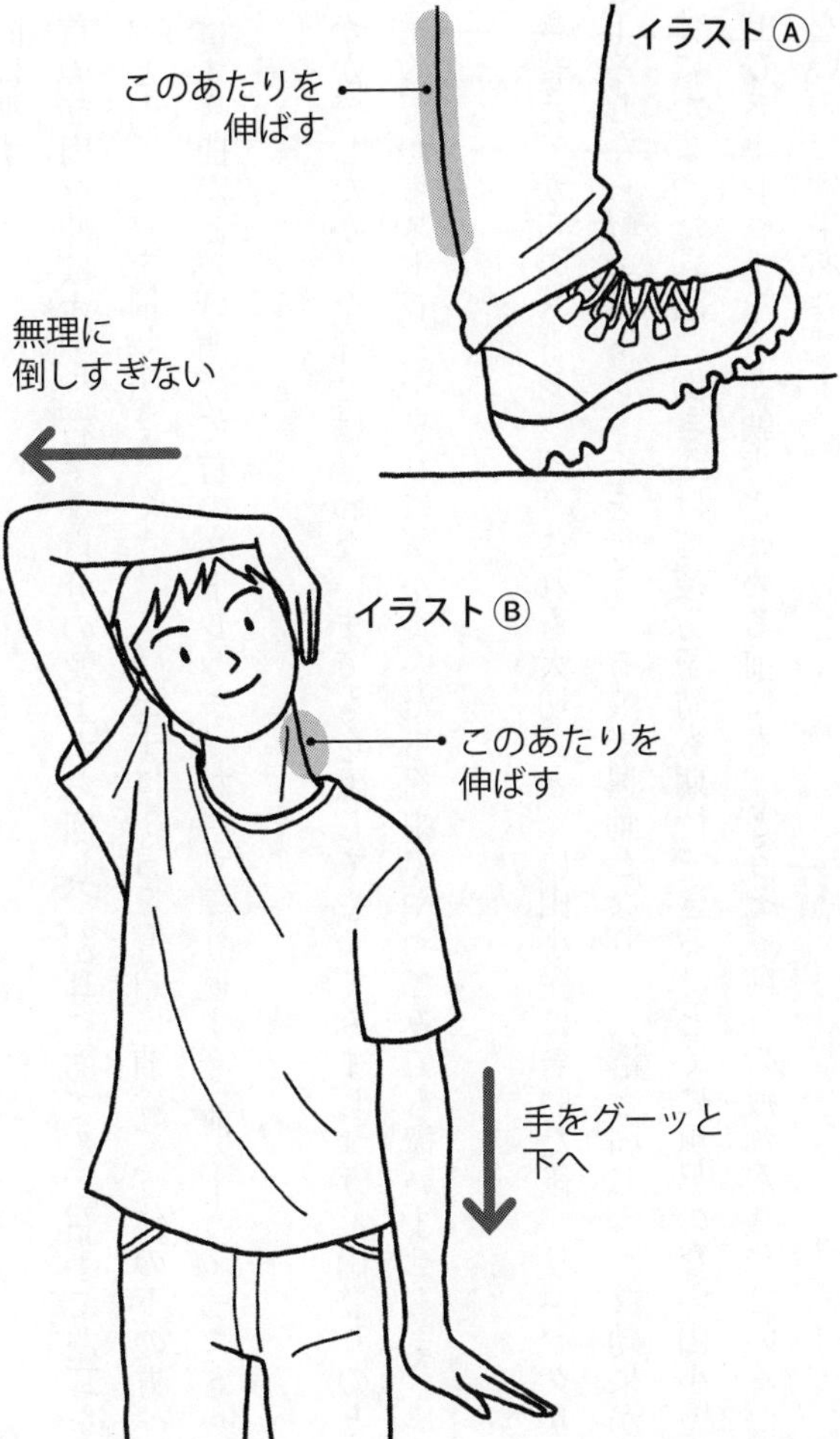
イラストⒶ
このあたりを
伸ばす
無理に
倒しすぎない
イラストⒷ
このあたりを
伸ばす
手をグーッと
下へ

イラスト／石玉サコ

向に押す。

・首の筋肉を伸ばす……右手を自分の頭上から回し、左耳にあてる。右手で左耳をグッと引く（首を倒しすぎないように）。左手は手首を直角に曲げて、体の下の方へ伸ばす。曲がるだけ曲げて首のストレッチ。左右で繰り返す。（前ページイラストⒷ）

いかがでしたか。全部とは言わないまでも意識してやってみましょう。山登りのとき、歩き始めてからストレッチ忘れに気がついたら途中でやってみても構いませんよ。

歩き終えてからのストレッチ。これも大切。とくに山小屋に着いた後、リュックサックを下ろしたら軽いストレッチを行う。有酸素運動となり、入浴と同じような効果がある。体にたまった乳酸に働きかけて疲労予防も期待できる。とくに風呂のない山小屋では、ぜひストレッチを。翌朝歩き始める前にも、どうぞ。前日の疲れが残っているかもしれないので効果ありです。

ダンスやバレエのレッスンでは、ストレッチを毎回30分から1時間じっくり時間をかける。山ではそれほど時間をかけられないが、自分なりに時間を調整しよう。ストレッチは力を入れて筋肉を伸ばす動きではない。筋肉を脱力させることが目的なので、リズムをつけずにやりましょう。

下山後すぐに車を運転して帰るのは、ちょっと待った。運動後にいきなり同じ姿勢を取り続けることになり、乳酸がたまってしまう。体にとって非常によくない。僕は下山後に入る温泉を前もって調べておき、立ち寄ることにしている。温泉にドパーッとつかって、血の巡りをよくして全身をほぐし、スッキリしてから帰るようにしている。

ストレッチと同じように、呼吸の大切さも知ってほしい。標高が高く空気が薄い高山では独特の呼吸法がある。口を大きく開いて吸うのではなく、口をすぼめて強く吐く。目の前にあるろうそくを吹き消す感じだ。

強く鋭く吐き出すことで空気を自然に吸えるようになる。酸素の取り込みがうまくいかないと、筋肉に乳酸がたまって足が疲れてくる。ハアハアと息が切れていても、酸素がうまく取り込めていれば大丈夫。足がどんどん動いて登れる。

強い吐き出しを「フーッ、フーッ」と2回続けて繰り返すと、さらに多くの酸素が入ってくる。この呼吸法は、「低酸素室」での呼吸法のトレーニングとして教えてもらったもの。三浦雄一郎さんのような海外の高所登山を目指す登山家たちが使っている低酸素トレーニングでは、通常の呼吸法だと酸素がうまく取り込めない。そこでこの特殊な呼吸法を教えている。

脈拍と酸素飽和度を計測するのが、パルスオキシメーター。指先に装着すると、酸素が全身に取り入れられているかどうかがわかる。

3026メートルの乗鞍岳《のりくらだけ》に登ってみた。じっとしていると血液内酸素量は96%の数値。急坂を登り続けると、みるみるうちに数値は下がり、78%に。ここで、歩きながら先ほどの呼吸法を行う。「フーッ！　フーッ！」。しばらくすると、85%にまで上がった。しかし正常値にはほど遠い。

ここで実験として、10分歩き、数値が下がった時点で立ち止まり、休憩をとってみた。すると1分後に、正常値の98％に戻ったのだ。コレが現在の僕の体力だと認識できた。これまで勘に頼っていた体の生理を、科学で知覚した瞬間だった。

ビルの階段上り下りトレーニング

足首に巻く重り（アンクルウエイト）のトレーニングを紹介しよう。僕が推奨しているのは、男性は片足５００グラム、女性は片足３００グラムのウエイトを足首に巻いてトレーニングすること。

ウエイトはマジックテープでくるりと足首に巻きつけるタイプ。ただし、山にはつけて行かないこと。重くて足が上がらなくなる。あくまでもトレーニング用。

体にウエイトを背負って歩くと膝が圧迫される。そこで、足首にウエイトを巻く。膝と膝下が伸ばされるようにするためだ。膝と膝下に空間ができ、緩衝作用が働く。これが膝にとっていい効果を与える。町の中の平地から始め、坂道や階段の上り下りを行う。

あるとき、僕は海外の高山登山に向けてのトレーニングを考えた。

1日目。片足1・5キログラムの重いトレーニング用の靴を履く。さらに、足首にウエイト1・5キログラム、合計3キログラムの負荷をかけて歩くことにした。トレーニング後にこの靴を脱いで歩くとどうなるか。ピョンピョン飛び跳ねられるほど足が軽くなる。これだけではない。リュックサックに30キログラムの水と重りを詰めて、階段を上り下りすること約1時間。階段は合計で約400段くらいだろうか。

2日目はジョギング1時間、3日目は3時間、40キロメートル以上を自転車で走り回る。高山へ登る前には、このトレーニングを繰り返す。

ちなみに、「石丸謙二郎はジョギングが苦手です」と告白しておこう。ジョギングが体にいいことはわかっていても、なかなか定期的に走れない。とはいっても、1ヵ月の舞台公演があるときは必ず走り込みをやる。体力づくりのためだ。そうすると長丁場の過酷な舞台にも対応できる。

舞台公演の合間に、登山のためのトレーニングをしたことがある。北アルプス・剱岳（富山県・標高2999メートル）への、点の記コースに挑戦したときだ。

映画『劒岳 点の記』でも描かれている標高差1000メートル以上、雪渓あり岩場ありの上級者コース。テレビ撮影を兼ねて登ることになった。その撮影日が、ある舞台の千秋楽翌日。

「舞台をしながら、剱岳に登る体力をつけるには？」と考えたのが、舞台の合間を縫ってのトレーニングだった。

そのとき出演していたのは東京銀座の博品館劇場の10階建てビル。そうか、ビルの外階段を上り下りすればいいじゃないか。

リュックサックにダンベルとペットボトルなど30キログラムを詰める。トレーニング用の重い登山靴を履く。「なんだ階段。こんな階段」と、10階分の外階段を上り下り。これを毎日10往復、繰り返した。ビルの高さを30メートルとして累積300メートルの上り下り。真夏の気温37度に加えて、各階の踊り場近くでは冷房排気の熱風を浴びる。汗だくになってのトレーニングだった。汗が滝のように流れて鉄階段を濡らし、夏の高温がそれを乾かす。

当時の博品館ビルにはレストランやおもちゃ屋さんが入っていた。そこの従業員たちが交替でタバコを吸いに鉄階段の踊り場へ出てくる。「よっ、がんばってるね」と声をかけてくれるのだが、こちらは汗だく。ゼエゼエ、ヒイヒイで返事もままならない。次の階にはまた別の人がいる。5分以上かけて上がって下りてくると、また別の人が入れ替わり「おっ、やってるね」。こちらは息も絶え絶え。言葉が出てこない。

これを毎日繰り返したおかげで、登山当日には難コースを比較的ラクに登りきれた。いまでもあの暑さは忘れられない。

『SASUKE』挑戦秘話

「石丸さん、年のワリに頑張ってますね」

そんな声が聞こえてきそうだが、僕は見た目より体力がある。自分でいうのもなんだけど、証拠もある。超人気番組『SASUKE』に出場、かなり沸かせたシーンもあった。そのエピソードを少しだけ紹介させていただこう。

スポーツエンターテインメント番組『SASUKE』（TBS・究極のサバイバルアタック）に出演することになったのは、48歳のときだった。

当時の番組は20代が中心で30代は少々、40代以上はひとりだけ。出場希望のハガキを書いて出してみた。

「このハガキの石丸謙二郎って人、もしかして俳優の石丸さんですかね」

「そんなこたぁないだろ。本人が書いて送ってくるかよ」

「同姓同名の人でしょうか」

「そうだろうよ。石丸さんていくつ？　40代？　んなもん、出るかよ」

応募ハガキを見ながら、番組スタッフの間では、こんな会話がかわされていたとか。

ハガキへ込めた石丸パワーが効いたのか、『ＳＡＳＵＫＥ』出場決定の連絡があった。ところが収録当日、ほかの仕事が入っているとマネージャーが言う。「『ＳＡＳＵＫＥ』に出るって、ほんとだったんですか。冗談かと思って仕事入れたんですけど」とのこと。マネージャーですら、中年のザレごとだと思ったらしい。

まぁ、なんとかやりくりして、参加当日。一般人枠での素人参加なので早朝に行って並び、ちょっと興奮。身体検査から始まり、誓約書を書くころには、やや興奮。そして競技に参加する。興奮しすぎて、鼻血が出た。

「『ＳＡＳＵＫＥ』に出ていましたね」

よくそういわれるが、なんと、61歳まで16回参加させていただきました。

番組出演のために「ビデオアピール」の審査があった。国旗掲揚のポールにスルスルと登り、むかし覚えた「火消しの出初式」のアクロバット技をやった。これを見た現場のスタッフが驚いて電話してきた。

「『スポーツマンＮＯ・１決定戦』（ＴＢＳ系）にも出演してください」

ちなみにこのビデオは、国旗掲揚ポールの借用許可を取っていなかったので、お蔵入りになってしまった。『スポーツマンＮＯ・１決定戦』は10回以上出場。いつも16人中８位あたりにつけていたが、まれに上位に行くこともあった。

背中に付けたロープで２人が引き合う「パワーフォース」の予選。僕が体重66キロ、相手は体重96キロ。あのボビー・オロゴン。だれが見ても僕の負け。ところがどっこい。実際に試合をしてみると、お互い引き合う力が拮抗して４分以上の長期戦。番組開始以来の長丁場。そしてなんと、石丸が勝ってしまった。こういうのを「大番狂わせ」というのだろう。

腕立て伏せでは歴代第２位の記録を出したことがある。３分間に１７７回。当時51歳。

ケガは自力で治す！（石丸流）

どんなに体を鍛えていても、気をつけていても、ケガはする。僕の場合、足の肉離れが3回、膝の靭帯《じんたい》損傷が3回、脱臼1回、捻挫多数。いろいろやっている。脱臼は手術をしたが、そのほかは自力で、しかも3日で治そうとした。4日後に仕事が入っていたからだ。

映画やドラマの撮影は代わりがいない、休めない。「すみません、出られません」ではすまされない。だから3日で治そうとする。エッ、治るの？　いや、治すのだ！

たとえば、膝の靭帯損傷。全治3週間の診断が下る。すると、鶏の手羽先とか豚足《とんそく》とか、ケガの部位に似たようなものをバリバリ食べる。牛乳を飲みたんぱく質を摂る。医学的な根拠はない。野菜など食生活のバランスをとって3日間食べ続ける。4日目からテーピングをして、なんとか舞台や映画撮影に復帰できるようにした。

倉本聰さんのドラマ『町』（フジテレビ・1997年）に出演したとき、ロケ前に靭帯を損傷（全治3週間）してしまった。

松葉杖でロケ地に向かう。山奥の田んぼの氷のように冷たい泥水に膝上まで浸かるという撮影を3時間。するとどうだろう？　帰りには普通に歩いて帰ってこられた。狐が土の中で傷を治すという奇跡のような話で、自分でも驚いた。

僕は、もちろん、病院にはお世話になるが、気持ちの上では医者に頼るのではなく、自分でなんとか治そうと努力する。カゼでも病気でもそう。そういう気持ちでいるからケガもしにくい。万一ケガをしたとしても、自力で治す方法はないか、より早く治る方法がないか考える。僕は大自然の中で育った。そういう気持ちを忘れたくないのかもしれない。

第4章
自然現象に強くなろう！

なかなか読めない、山の天気

天候に詳しくなるにはどうすればいいだろう。

まず、天気予報を見て天気図に親しむ習慣をつけること。天気図を毎日見るクセをつけると、天候の変化に対して自然と勘が働くようになる。

むかしは僕もＮＨＫラジオの「気象通報」を聴いて天気図を手書きしていた時代がある。当時は「ミリバ～ル」と低音の男性の声で繰り返されるフレーズが、げに恐ろしく、登山中はテントの中で震えていたものだ。

インターハイの登山大会で優勝した千葉県立千葉東高校山岳部の高校生たちが「山カフェ」を訪ねてくれたことがある。彼らに聞くと、いまでも大会種目のひとつとして「天気図の作成」があり、20分間で作図する訓練を繰り返しているという。

ちなみに、「ミリバール」という表現（戦後のアメリカ標準表現）は、１９９２年12月

1日から国際単位系の「ヘクトパスカル」に改められた。フレーズが軽くなり、怯えることもなくなった。

山の天気は、平地の天気予報とはかなり違う。たとえば長野県の松本市内は快晴でも、北アルプスの常念岳《じょうねんだけ》（標高2857メートル）の山頂には雲がかかり雨が降っていたりする。直線距離はさほど離れていないのに。

富士山を考えてみよう。ふもとが晴れていても、山頂には雲がかかっていることがある。山頂に雲がかかっていないときは、強風が吹き荒れているのかもしれない。山の天気は平地とは違う。だから、平地の天気予報だけを頼りにして山に行くと失敗することが多い。

平地が雨でも標高によって天候は変わってくる。標高300メートルから2000メートルくらいまでは雨雲があるから雨。それを越えて標高2000メートル以上では、雨雲の上に飛び出して快晴ということも珍しくない。

山岳気象予報の第一人者・猪熊隆之《いのくまたかゆき》さんが代表を務める山の天気予報の専門サイト「ヤマテン」。全国の主要な山域の天気予報を翌々日くらいまで非常に高い精度で予報してくれる（有料）。このサイトでは、高層高度予想図など、日ごろ見られない天気図や大荒れ情報サービスもあり、役に立つ。

猪熊さんが有名になったのは、海外とくにヒマラヤのエベレストやナンガパルバットなどに日本から遠征隊が出るとき、日々の現地の予報から1ヵ月単位の予報まで、非常に正確な天気予報を毎日提供していたからだ。その情報に基づいて遠征隊は行動している。頂上アタックに最適な日を決定するわけだ。三浦雄一郎さんがエベレスト登頂に成功したときにも猪熊さんが関わっていた。

一方、空の雲や動物、草花の様子を見て、言い伝えや経験値からその日の天候を占うのが「観天望気《かんてんぼうき》」だ。海の漁師さんや農家の人などがよく参考にしている。身近なものでは、「猫が顔を洗うと、雨」というものがある。ご存じな方も多いと思うが、僕が知っているものを紹介すると、以下の通り。

- 夕焼けがきれいなら明日は晴れ、朝焼けがきれいなら雨
- ツバメが低く飛んだら雨
- 鳥が鳴き始めれば晴れ、虫が鳴きだせば雨
- 雷三日（雷が鳴りだすと、雷の日が3日間続く）
- クモの巣に朝露が光っていれば晴れ
- クモが大きく巣を張っていれば晴れ（羽虫が飛んでくる）
- 霜柱が立っていれば晴れ
- 雷や遠くの音がよく聞こえれば雨（空中に湿気が多い）
- 遠くの山が近くに見えれば雨
- 夜星が激しく瞬《またた》くように見えたら強風が吹く
- 高い空の雲と低い雲が風で逆方向に流れていると風雨が強くなる

・富士山に笠雲がかかると強風が吹く（各地方独自のものもある）

「持病の膝が痛み出したら雨」という個人的なものまで、古くからの言い伝えや山の蘊《うん》蓄《ちく》はいろいろある。それらを知り参考にすることも山歩きの楽しみだ。

ウインドサーフィンで覚えた、風を「見る」こと

僕は36歳で、ウインドサーフィンに出会った。海を体に感じるスポーツが、なぜか山の記憶を呼び戻すことになる。後で述べるが、当時は登山を封印していた。

海も山も自然の産物。共通するものが多い。なかでも「風」の存在は、海と山を結びつける大きなキーワードになっていく。自然に接するとき、気象を味方にするのか敵に回すのかで勝負は決まる。

海も山も気象や天候を読めなければ話にならない。すべての基本がここにあると教え

られたのは、海で鍛えられたからだと思っている。まずは、ウインドサーフィンの世界から学んだことで「風」を中心にした自然との関わりを紹介しよう。

「自然の中でエンジンを使わない遊び」を探していて巡り合ったのがウインドサーフィンだった。いきなり道具を買ってきて練習を始めた。実際に始めてみると、ひとりででき、一年中できる。同じ条件の日はないし、風は不規則で変化が大きい。奥が深くて長くつき合える。「なんて面白いんだ」と、のめり込んだ。

海も山も味わっている僕が、とくに興味をもったもの、それが「風」だ。これも、知れば知るほど面白い。

僕には「風が見える」。こんなことを言うと「エッ!?」と思われるかもしれないけど、風を感じるのではなく、物理的に肉眼で見える。ウインドサーフィンを30年もやっているからだろう。いつの間にか「風」と友だちになっていた。

ウインドサーフィンをする人たちは、風速6メートルと8メートルの違い、16メートルと18メートルの違いがわかる。レースのときにデジタルの風速計を使いながら、「いまのは10メートル」などと計測しているからだ。

このスポーツは、風の強さで使う道具を変える。いつも風速を意識して風に対する感覚が自然と身についてくる。

風は海上を均一に吹くのではなく、場所により強かったり弱かったりの濃淡がある。風が吹くと水面にさざ波が立ち、光の反射具合で海の色が違って見える。白く見えたり、青だったり、黒だったり。その色の違いを見て、あそこは風速何メートルと判断できるわけだ。

登山をする人達が、この風について知るようになると、もっともっと山を、自然を楽しめると思う。

風が見えるとこんなマジックが！

いつもウインドサーフィンに行っていた富士山麓の本栖湖《もとすこ》で、テレビの２時間ドラマの撮影ロケがあったときのこと。

午後になって風が吹くたびに女優さんの髪が乱れてしまい、撮影ができなくなった。風が収まるのを待って「本番用意！」と声がかかると、そのとたんに風が吹く。1時間たってもまったく撮影が前に進まない。女優さんもヘアメイクさんも監督も困り果てている。

撮影が始まったころから、僕は助監督さんに「20秒後に風が来るよ」などと何度かささやいていた。彼が気づいたのだろう。監督に声をかけている。

「石丸さん、風がわかるみたいですよ」

「そんなわけないだろ」

「不思議なんですけど、石丸さんが何秒後に風が吹くっていうと本当に吹くんですよ」

「なに？　……じゃあやってみろ」

監督に指名された僕は、風を読んでみせることにした。

「32秒後に風が来ます。それまでは吹きません」

「12秒後に風がなくなりますから、それまで女優さんの髪を押さえておいてください」

「12秒後に風がなくなった後、24秒間は風が吹きません。行きますよ。はいカメラを回して。用意、スタート！」演技が続き、やがて……。

「はい、あと3秒で風が来ますよ」

3・2・1、風がゴーッと吹く。こんな調子で撮影が無事に終わった。監督が不思議そうな顔をしている。

「なんでそんなことがわかるんだ？」

「九州の山奥で育って、仙人に教えられました」

とぼけてみせた。このときの風の予測は、風が見えるウインドサーファーにとっては比較的簡単にできる「湖面を渡る風の読み方」の応用だった。

だから、ウインドサーフィンの仲間たちと山に行くと、「いま風速6メートル」「いま、8メートルに変わった」などと声をかけあう。風速に対する感覚が山でも活かされている。山も海も「風」を意識するとそれまでの何倍も面白くなるわけだ。

「ガスティ」という、くせ者

風の強さは一定ではない。風が強くなったり弱くなったり安定しないことをウインドサーフィン用語で「ガスティ」という。

海から陸に向けての風（オンショア）は風の強弱が少ない。逆に、陸から海に向けて吹く風（オフショア）は陸上の障害物を回り込み、強弱がある。ガスティである。そして、山で吹く風はガスティであることが非常に多い。風速10メートルの強風が突然2メートルに落ちたりする。この風の強弱がくせ者。

右からの16メートルの強風に耐えているとき、突然5メートルに風速が落ちる。次の瞬間、どうなるか。自分が耐えていた右方向に体が反動で飛ばされる。自らの力で倒れ込むのである。

谷からの横風を受けていたら、谷側に落ちてしまうかもしれない。高速道路で横風を受けているときにトンネルへ入ったりすると急に風が遮られる。思わずハンドルを風上側に取られる。そんな感覚だ。

仮に風速20メートルくらいの風が吹いていたとしても、一定に吹いている状況であれば、なんとか耐えられるかもしれない。しかし、その風が突然弱くなると、とたんに体勢が崩れる。山では滑落や転倒の事故が起きやすくなる。人間は押される力には強いが、突然引かれると弱い。

突っ張りに耐えていた力士が、相手の急な引きにコロッと負ける。相撲にたとえればよくわかる。「山の風はガスティだ」と、つねに頭に置いて行動したい。

山の尾根や岸壁ではなく、森の中での風について考えてみよう。強風に遭うと、「ザーザー」と木々がものすごい音を立てる。恐ろしさを感じるかもしれない。ただし、冷静になってみると、木々が騒いでいるだけで風速はさほど強くはなく、10メートル以下ということも少なくない。稜線に出たらもっと怖いのかな。そう思いながら恐る恐る稜線に出てみると、それほどの強風ではなかったりする。

稜線に出て恐ろしいのは風速15メートル以上のとき。「ゴゥーゴゥー」と風の音も凄まじい。慎重に行動しよう。ちなみに台風とは、17メートル以上の風のこと。

「シフティ」もまた、くせ者

風の吹いて来る方向や風向きが右に左に変化する。つまり、風向きが頻繁にシフトして変わりやすいことを、ウインドサーフィンでは「シフティ」な風と呼んでいる。風がシフティなときには、風向が10度くらいずつ細かく変化する。ウインドサーファーはその変化を海の上で感じる。「あ、西に10度振れたね」と。これがわからないとレースで勝てない。

この現象は山でも起こる。山頂に向かって歩いているとき、風向きが急に30度くらい変わることがある。見上げると300メートルくらい先に峰があり、それが巻き風をつくっている。

風が稜線を乗り越えて吹くとき、風向きが逆向きに感じられることもある。西風を背に受けて東に進んでいると周囲が曇ってきた。こういうときが危ない。風を背に東に進んでいるつもりが、いつの間にか風が反対に回り込み、東風で歩いている。180度方角を勘違いしている。そのままだと分岐で違う方向に迷い込んでしまうかもしれない。これを「巻き風」という。地図を確認しながら歩くことの大切さを思い出そう。

更に、同じ風速10メートルの風でも、季節によって感じ方が変わる。夏より冬の方が風圧が強く感じられる。

体感温度は風次第

体感温度との関係でいうと、気温よりも風速のほうがより大きな影響を受けている。冬山の場合、気温がマイナス8度でも無風なら問題なく歩けるだろう。たとえ手袋を外しても3分くらいなら作業できるだろう。

ところが、気温0度でも5メートルの風が吹いていたらどうだろうか。手袋をちょっと外しただけで手がかじかんでしまう。気温0度で10メートルの風が吹いていた場合、ちょっとした原因で行動不能になり、命に関わってしまう。

風速と体感温度の関係について、「風速が1メートル強くなると、体感温度は1度低く感じられる」といわれる。一般的には正しいが、感じ方には個人差があるようだ。

僕の場合、風が1メートル強くなったら2度低く感じる。なぜなら、汗かきだから。前述したように、ほかの人よりはるかに大量の汗をかく。風が強くなると、その汗が冷やされて他の人よりもよけいに寒く感じるのだ。風速が5メートルも強くなったら、体感温度は10度も寒く感じる。とくに休憩のときには、動きが止まり寒さをよけい感じるので要注意だ。

汗かきの僕は、冬山に向いていないのかもしれない。だから冬山では着替えを多く用意する。できるだけ汗をかかないように、立ち止まって写真を撮ったりしながらゆっくりしたペースで歩くなど工夫している。

また、風の強い尾根道に出る前には、風のないところで濡れたシャツを脱ぐ。着替えをすませてから進むようにしている。もちろん防風性のある上着を着ているが、それでも中のシャツが濡れていると強風に吹かれて寒い。

雨の登山にはワケがある

登山を始めた若いころは天気予報を見たり聞いたりする習慣がなかった。トランジスタラジオもなく、やみくもに山へ出かけていた。

日本第2の高峰・南アルプスの北岳《きただけ》（標高3193メートル）に出かけたときのこと。バスで広河原まで行き、大樺沢《おおかんばさわ》を通る一般的なルート。途中から雨に降られた。風は西風だったためか、岩壁に遮られてさほど強くはない。ところが稜線に出たとたん、風速20メートル以上の強風に吹かれた。

体が浮き上がりバットレス（急峻に切り立った大岩壁）のほうまで飛ばされそうにな

った。あわてて背負っていたキスリング（布製の大型リュックサック）を下ろし、あたりの石をいくつも詰めた。風で飛ばされないように重たくしたのだ。キスリングを再び背負って稜線に這《は》いつくばる。

ものすごい風なので姿勢をできるだけ低くしたまま動けない。地面と体の間に風が入り込むとフワッと体が浮きあがる。鯉のぼり状態といえばわかってもらえるだろうか。

風が少し弱まったときに少しずつ動く。そんな闘いを繰り返し、ようやく山頂に着いた。山頂ではやや風が収まったが、下りではまた猛烈な風だ。風に吹き飛ばされそうになりながらも、なんとか北岳肩の小屋にたどり着く。

「バカ野郎！」

扉をあけた、小屋のご主人に怒鳴られた。

「天気予報くらい見てこい！ 台風が来てるぞ！」

いましも台風が最接近していたらしい。最大風速40メートル、そんな大きな台風が襲っているときに登山をしていたのだ。

「最近の若いモンは……」と厳しい言葉は続く。途中で石を詰めた話をすると、罵倒しながらも「まぁ、よく来たな」と大盛りのカレーライスをご馳走してくれた。

これは一見、武勇伝のようだが、やってはいけないことの最たるものだ。助かったからよかったものの、一歩間違えたら死んでいた。単独行はひとりでなんでも決められて楽しいが、他人に迷惑をかける恐れもある。

一方、最近、八ヶ岳の赤岳《あかだけ》（長野県―山梨県・標高2899メートル）に登ったときのこと。仲間数人と天気予報を精査したうえで、風雨の中にもかかわらずレインウエアを着こんで山頂を目指した。

嵐の翌日は好天になる。めったに見られない素晴らしい景観を拝めることがある。ただし、そのためには嵐の中を登って山小屋にたどり着く必要がある。あるいは、山小屋に何日も滞在して好天を待つ。山岳写真家のようなことをしなければならない。

この赤岳登山がそうだった。途中、横岳《よこだけ》では10メートル以上の強風に吹かれたが、風への知識で危なげなくのりきった。頂上山荘に着くころには雨もやみ、紅蓮《ぐれん》の炎に包まれたかのようなすさまじい夕焼けが見られた。西の空だけではなく、東の空まであたり一面を見事に染め上げている。そう、この夕焼けが見たかったのだ。

翌朝はほのかに初雪が降る。空は見事な藍色、深い紺碧《こんぺき》の澄み切った美しさ。この景観が見られることも予想通り。事前に気象と山の状況を詳細に研究して臨んだ結果だ。

仲間からは「石丸さん、どうして雨の日にわざわざ出かけるの?」と不思議がられていたが、彼らを連れて何度も山へ通ううちにわかってくれるようになった。「出発するときには雨が降っていても翌日の好天を狙っているのだな」と。

以上、天気を調べずにやみくもに山へ入った悪例と、天候を調べつくして敢《あ》えて雨中に出かけた例を対比して紹介してみた。

「カーン! グワーン!」の思い出

観天望気で「雷三日」は、雷が一度鳴ると3日は続くということを意味する。寒気の流れ込みでこういう天候になる。

雷雲は西から東へと流れてくる。遠雷が鳴ったら秒数を数えてみよう。音速が秒速約340メートル。ピカッからゴロゴロまで10秒なら3・4キロメートル先、3秒なら約1キロメートルの近場だということがわかる。

山登りを始めてまだ間もないころ、この雷の怖ろしさを思い知らされたことがある。19歳だった。谷川岳の一番奥の沢、芝倉沢を5月下旬の残雪期に登りに行った。

雪渓をずっと登り、稜線に出て避難小屋に泊まることにした。巨大なドラム缶を縦半分に切って伏せたようなかまぼこ型のドーム。中は3人くらいが寝られる広さだ。夕方に着いてそのうち雨が降りだし、雷が鳴り始めた。

町の雷は「ドッシャーン、ガラガラ」と表現されるが、山の雷は蛍光灯に似た放電管のような光の塊と同時に「カーン！」という轟音が響き渡る。雷はだんだん近づいて来る。頻繁に鳴り続き、5秒ごとに光るようになった。

避難小屋の中を見渡して、大変なことに気がついた。天井はもちろん、壁も床も鉄でできている。

「もしこの小屋に落雷したらどうなるだろう？　オーブンの釜の中にいるようなもの？」

金属の物を全部はずしてキスリングの上に正座した。外では雷が「カーン！　グワーン！」と耳をつんざくように激しくなり、雨漏りまでするようなった。と、そのとき、何を思ったか突然、唄い始めていた。「しーずかぁなぁ、しずかなぁ〜」と『里の秋』という曲の1番をエンドレスで唄い続けた。「唄っている間は生きているんだ」という確信が欲しかったのかもしれない。雷の最盛期は小一時間続いた。

翌日は見事な快晴になった。いまはその避難小屋は建て替えられて広くなっている。

山の雷のことでもうひとつ体験を紹介しよう。いつだったか、槍ヶ岳から下山する途中だった。

槍沢では、左右が大きく開けていて遮るものがなにもない。急に黒雲が湧いてきたと思ったら、雷が鳴り始める。雷鳴がだんだん近づいてきたので大岩の近くにしゃがみ込んでやり過ごすことにした。ストックはまとめて低いところへ一ヵ所に……。ところが、周りを見回して驚いた。雷が500メートルくらい近くで鳴っているのに、登山者の多くが平気で歩き続けている。

いつ雷が落ちてもおかしくない。「ほかの人も歩いているから大丈夫だろう」という集団心理が働くのだろうか。山では「みんなが行くから」とついて行くのは非常に危ない。それが原因で遭難することもある。

こんなときこそ、リーダーは安全確保できる場所を探さなければいけない。動くのが危ないと判断したら、「1時間待ちますよ」とみんなに伝える。下山が遅れても安全を確保するためだということを伝えよう。

このように、山では予測できないことが急に起きる。登山計画には時間の余裕をみておこう。

ブロッケン現象と虹

山は霊山信仰の地としても多くの登山者に崇められている。大自然の不思議な現象が、その由来になっていることがある。

槍ヶ岳の開山は、江戸後期の浄土宗の僧・播隆上人《ばんりゅうしょうにん》によるといわれる。山頂でお釈《しゃ》迦《か》様が降臨されたご来迎《らいごう》で、お姿をご覧になったという。いわゆる「ブロッケン現象」が由来である。

山頂で日の出を迎える「ご来光」には、お釈迦様のお姿を迎えるご来迎の意味がある。このご来光のとき、太陽を背に立つと正面の霧の粒に、自分の影とそれを取り巻く真円状の虹が見られる。これが「ブロッケン現象」という気象現象だ。

「白い虹」という現象もある。ブロッケン現象と同じものだと考えられ、虹と大きくかかわっている。「太陽を背にして反対側の湿った大気上に描き出される現象」が、虹。

距離は500メートル以上先で、太陽が低ければそれだけ大きい虹になる。

ところが、朝の水蒸気が立ち込めた状態だと、光が乱反射して虹の七色のプリズム分光が見られない。すると虹が白くなるのである。いわゆる白い虹だ。

その虹の中央に自分の影が鍵穴のように映る。大気の状態によっては、虹の七色に分光されず、「白いブロッケン現象」が見られることもある。


昨年秋、谷川岳に登ったとき。肩の小屋へ泊まり、日の出に合わせて山頂に登った。美しい日の出だ。刻々と変化する景観を誰もが夢中になって写真撮影している。ふと振り返って見ると、見事なブロッケン現象が出ている。300度くらいの虹の円の中に、自分の影が立っている。美しい朝日の撮影に夢中な方たちにも「後ろを見てごらん」と知らせてあげた。

やがて山が朝焼けでオレンジ色に染まってくると、ブロッケン現象は白からオレンジ色に変化して輝き始める。これほど珍しい景観を見られるのは滅多にない。ため息があちこちで聞かれる。自然の美しさ、魅力にまたまた引き込まれてしまう。その場に居合わせた方たちと感動を分かち合う、素晴らしいひと時だった。

「五寒、二温」と考えよう

冬の山はなかなか気難しい。「1週間のうち5日間は荒天。残り2日のうち1日がまあまあ。残り1日が冬山歩きなんとか可能」と考えられている。だから「まあまあの1日」で山小屋まで歩き、翌日の好天の中を下ってくるのがベストだ。

このように、冬は「五寒、二温」と考えよう。2日間の好天を狙い、事前に天気予報を研究して行く必要がある。絶対にムリは禁物だ。日帰りの場合は、好天のベストの1日を狙う。泊まる場合も山小屋利用が原則。テント泊の人も荒天に備えて山小屋のそばに設営する必要があるだろう。

初めての雪山へは、スノーシューか輪かんで行くコースがお勧め。スノーシューを履いたままで一日中歩けるコースは楽しい。少し登山道を外れて、雪の上をサクサク歩いてみよう。夏のシーズンとはまた違う景色に心惹かれ、童心に帰ってついついはしゃいでしまう。

雪山ならではの道具は、他にもアイゼンやピッケルなどがある。自分の経験に合わせて装備を整えていき、必要な場合は経験者の指導や事前に使い方の訓練もしておきたい。

街中ならもう春本番といわれる4月、5月。この時期は山では1年でもっとも事故や遭難が多い。危険な季節だ。天候が不安定で天気予報が当たりにくい。

4月の荒天時にはひと晩で1メートルもの積雪、ドカ雪ということがある。この時期の雪は湿って重たい。いわゆる湿雪。それが夜にはコチコチに凍ってとても歩きづらくなる。12本刃のアイゼンが必要で、残雪期というより冬山と考えたほうがいいだろう。軽アイゼンで雪渓を歩く6月頃の残雪とは違う。

暖かくなれば雪崩の恐れもある。とくに、例年ゴールデンウイークには大勢の登山者が山に入るが、天候が急に変わることも多い。頭に入れておきたい。

第5章

大自然と触れ合おう！

山を学ぶならビジターセンター

同じ山に何度も登るなら別だが、初めての山へ行くならある程度の情報はもっていたい。そんな山に関する情報であふれているのが、ビジターセンターである。

ただ、登山だけを目的にしている人にビジターセンターに寄る習慣をもつ人はあまりいないと思われる。朝は少しでも早く登りたいし、下山後は早く帰りたい。遭難などの事故がない限り、立ち寄る登山者は少ないかもしれない。

しかし、ビジターセンターには山の情報がそろっている。周辺の立体地図やジオラマ、歴史に関する展示、動植物の写真、野鳥の声を聴き分ける展示、パンフレットや地図が置いてあるところも多い。その山のことを知りたかったら、ありとあらゆる情報が揃っているビジターセンターへまず立ち寄ってみることはお勧め。

とくに火山性の山だと、現在の噴煙の火山情報や警戒レベル、立ち入り規制情報などがわかる。場所によってはヘルメットを貸してくれるところもあり、とても便利だ。

営業時間は朝9時から夕方5時までのところが多い。下山後に立ち寄ってみるとか、その山域を何度も訪れるなら一度は立ち寄って話を聞いてみよう。ビジターセンター以外にも、インフォメーションセンターや資料館などの名称でいろいろな自然展示紹介施設がある。丁寧な解説や貴重な資料に出会えることも多い。

僕が訪れたのは、南は鹿児島県の開聞岳《かいもんだけ》（標高924メートル）の山麓ふれあい公園から、北は北海道の阿寒湖畔《あかんこはん》エコミュージアムセンターまで。東京都内だと御岳山《みたけさん》（標高929メートル）に御岳ビジターセンターがあるし、高尾山は山頂に高尾ビジターセンターがある。

最近寄った中で特に驚いた場所は、谷川岳の山岳資料館とビジターセンター。山岳資料館はロープウェー乗り場の近くで、山の資料館としては日本一だ。

日本の登山家が谷川岳で訓練をした足跡が残されている。ヒマラヤなど世界の山々へ挑戦した歴史や記録、本や写真、むかしの登山用具など珍しいモノばかり。日本一の展示内容だと思う。

この山岳資料館は令和元年に解体された。同じ場所で「谷川岳インフォメーションセンター（仮称）」を建設中。資料館のコレクションを収蔵展示し、開館は令和3年以降になるという。ビジターセンターは谷川岳登山指導センターの名称で、谷川岳の最新情報の提供や相談、登山届の受付を行っている。

ここ谷川岳は一ノ倉沢まで散策道が整備されている。登山ではなく日本三大岩壁の一ノ倉沢を眺めに行くだけでも楽しい。岩壁に取り付いているクライマーの姿が見られるかも。センターによっては自然観察会やガイドウォーク、ミニ講演会等をやっているので調べて訪ねてみたい。

たとえば、がけ崩れなどで登山口への道路が通行できないこともある。迂回《うかい》路を知りたいと思っても、インターネット上に最新情報が反映されていないこともあり、なかなか正しい情報収集ができない。そんなときは、その山域のビジターセンターに聞いてみよう。詳しく教えてもらえる。

そして、登山の記念にと、山バッジを集めている人も多いのではないだろうか。

じつは、以前「山カフェ」で山バッジを作っている工場を訪ねる機会があった。群馬県高崎市にある高崎金属工芸という会社。清水澄雄さんという社長さんと息子さんを中心に山バッジを作っている。全国の山バッジの約8割を製造しているそうだ。ここで教えてもらったのが、「山バッジは山小屋や麓のお土産店などになければ、登山口近くのコンビニにもあるかも」ということだった。山バッジをお集めの方、ぜひ探してみてください。

山のいで湯を訪ねて

この20年で日帰り入浴のできる温泉がかなり増えてきた。とくに最近10年は、いままでやっていなかったところでも日帰り入浴が可能になってきた。新しい温泉も増えたので登山後の僕や仲間にとっても楽しみが広がっている。山行を計画するときに、下山後の温泉行きも必ず組み込んでおく。

いつも行っている温泉だけではなく、次はここに行ってみようと探すのが楽しい。入浴料は400円から900円くらいかな。村の共同浴場も好きだし、なにより露天風呂が大好きだ。冷泉と温泉に交互に入るのも疲れが取れていい。

では、いくつか僕のお薦めを紹介してみよう。

●九重山・法華院温泉

大分県の九重山《くじゅうさん》（主峰 中岳・標高1791メートル）に初めて登ったのは小学校6年生のとき。その九重山登山の途中で泊まったのが法華院《ほっけいん》温泉山荘。山小屋というより個室が多くて民宿のような造りだが、歩いてしか行けない山の秘湯としていまでも人気だ。

●苗場山・赤湯温泉

苗場《なえば》スキー場先の林道終点から赤湯《あかゆ》温泉を目指して歩く。温泉を目指しているとは思えないかなりきつい山道を登る。途中、鷹《たか》ノ巣《す》峠という峠を越えてズルズルと滑りやすい道を下る。2時間半以上かけて赤湯温泉山口館にたどり着いた。

断崖の谷底、渓流沿いに古い建物と3つの露天風呂がある。温泉はその名の通り赤いお湯で、なめてみたら鉄分の多い味がした。

登山シーズン終了後で工事関係の方3人と一緒になる。力強い話し方をするご主人に「泊まっていけ」と盛んに勧められたが翌日に外せない仕事があった。仕方なく、また汗だくになって峠越え。次回は苗場山山頂からの道をたどって、ぜひ泊まりで訪れたい秘湯だ。

●八ヶ岳・本沢温泉

八ヶ岳の硫黄岳《いおうだけ》（長野県・標高2760メートル）へ向かう登山道。その途中にある山のいで湯が元湯・本沢《ほんざわ》温泉だ。ここは日本最高所の露天風呂・雲上の湯が特徴の山小屋で、山小屋から5分ほど歩いて入る標高2150メートルの露天風呂は気分爽快。山麓の稲子湯《いなごゆ》から歩くと夏道で3時間半くらい。通年営業なので冬はもっと時間をかけて歩いて行く温泉だ。ちなみに稲子湯は、熱々の湯好きにはたまらない。

●安達太良山・くろがね小屋と岳温泉

高村光太郎の『智恵子抄』で有名な福島県の安達太良山《あだたらやま》（標高1700メートル）への登山道沿いに、くろがね小屋という温泉山小屋がある。白濁した人気の温泉だ。ここは通年営業しており、温泉だけを目指してくる人もいる。

じつはこのくろがね小屋の湯が山麓の岳《だけ》温泉の源泉になっている。この源泉は江戸時代から知られていたが、紆余曲折があって昭和23年に山麓の岳温泉まで湯を引こうということになった。

当時は太い松の木の中をくりぬいて管とし、4千本以上を松脂《まつやに》などでつないで8キロの道のりを引湯した。現在は樹脂の管になっているが、湯の花が詰まるので毎週一度は必ず「湯花流し」を行う。松の木の管の名残は、小屋の前のベンチとして、いまでも見られる。

●栗駒山・須川高原温泉

宮城・岩手・秋田三県の県境になっているのが栗駒山《くりこまやま》（標高1626メートル）。栗駒山は登り始めて早いうちに樹林帯を抜けるので見晴らしがいい。高山植物の花がきれいで秋の紅葉も素晴らしい。

栗駒山の岩手県側中腹の登山口にあるのが須川《すかわ》高原温泉。駐車場に直結し、硫黄臭のする湯けむりを抜けて登山口に出る。山から下りてきたら着替えを持ってすぐに露天温泉に飛び込める。白濁して泉質がよく、入浴して疲れを取って帰れるので理想的だ。この須川高原温泉には、通常の旅館部はもちろん湯治をする人向けの自炊部も用意されている。

●籠ノ登山・高峰温泉

浅間山《あさまやま》に近い長野・群馬県境の籠《かご》ノ登山《とやま》（標高２２２８メートル）。その長野県側登山口に高峰《たかみね》温泉がある。標高２０００メートルのランプの宿。日帰り入浴用の温泉とは別に宿泊者専用の温泉が用意されており、こちらのほうが景色がいいようだ。

この温泉は山の秘湯を訪ね歩いているグループの方から教わった。いいお湯はもちろん、脱衣場でひとつ発見をした。日本の秘湯を守る会・名誉会長の岩木一二三《ひふみ》さんが書かれた「秘湯をさがして」という一文の掲示板だ。

短い文章のなかに、旅すること、山を歩いて温泉に入ること、人と出会う人生について、正しい日本語できちんと表現している。汗まみれの登山シャツを脱ぎながら、その言葉ひとつひとつに感じ入った。「山カフェ」で朗読し、紹介をさせてもらった。

●岩手山麓・温泉付きオートキャンプ場

岩手山《いわてさん》（標高２０３８メートル）の山麓に「岩手山焼走り国際交流村」というオートキャンプ場があり、ここに焼走りの湯という温泉が湧いている。入浴料は大人６００円。

いままで何度も利用している。

岩手山南東の馬返し登山口から登山をするときは、前日に予約したタクシーで早朝に馬返しへ行き、登り始める。山頂を越えるとコマクサの大群落がある。北側の焼走り口へと下山し、そのままお風呂へ直行。温泉に入るためにわざわざ岩手山というひと山を越えてきた感がある。

鳥の鳴き声、いろいろ

野鳥について「山カフェ」で紹介したいと思い、そのさえずりを録音するようになった。より詳しい話を鳥類学者で日本野鳥の会の会長である上田恵介先生から教えてもらっている。むかしから知りたかった野鳥の世界を新たに発見し、少しずつ勉強している。

たとえば、山でよく耳にするカッコウは渡り鳥で、鳴き方がいろいろ異なるのは個体差によるものだという。代表的な鳥の生態から鳴き声を紹介しよう。山を歩きながら鳥たちのさえずりに耳を傾ける。そんな時間も山登りの楽しみのひとつ。

●サンコウチョウ

サンコウチョウの鳴き方は、「月日星、ホイホイホイ」と聞こえるという。このように、鳥の鳴き声を似た言葉に置き換えて聞くことを野鳥の鳴き方の「聞きなし」という。

サンコウチョウは長い尾の美しい姿が魅力だが、なかなか見られない。

この特徴的なさえずりを聞いたのが東京都下の八王子城山《はちおうじしろやま》（山頂は城山。標高４４６メートル）。八王子城は近年、発掘と整備が進められ、北条氏の山城の様相がわかってきた。

サンコウチョウの鳴き声を探して出会ったのが、大きな望遠レンズ付きのカメラを構えたカメラマン数十人。枝の上のサンコウチョウを狙う。高速連写で一斉にシャッターを切るので、「タタタタタタタタタ」と機関銃のようなものすごい音がする。これでは鳴き声は録音できない。

そこで改めて、NHKの「山カフェ」録音技術スタッフに同行をお願いした。夜明け前に出かけてサンコウチョウを探した。樹林のなかで待つこと30分。とうとうサンコウチョウがやってきて、僕たちの真上の枝で鳴き始めた。

高性能マイクで美しいさえずりを録音できたのだが、「月日星」とは聞こえない。これを「月日星」と聞きなした昔の日本人の感性に拍手を送りたい。

●イカル

北アルプスの蝶ケ岳《ちょうがたけ》（長野県・標高2677メートル）。三俣《みつまた》登山口から登ったとき、早朝歩き始めてすぐにフルートのような美しい鳥のさえずりが聞こえた。映画『未知との遭遇』の神秘的なメロディに似ている。あまりにも美しいのでICレコーダーを20分くらい掲げて録音した。その鳥の名はイカルという。

聞きなしで「ヒシリコキリ」とか「イカルコキー」というようだが、かん高くメロディアスな声に聞きほれてしまう。イカル探しの旅をしたいと思うほどだ。おかげでこの日の登山のスタートは、小一時間遅れてしまった。

●ルリ

ルリと名のつく鳥は、みんな美しい。オオルリ、コルリ、そしてルリビタキ。この3種ともに美しい青、瑠璃《るり》色をしている。

日光白根山《にっこうしらねさん》（栃木県―群馬県・標高2578メートル）でルリビタキが盛んに鳴いていた。季節は秋。登山道を歩いて行くにつれ、縄張りがあるのか、次から次へとルリビタキたちが鳴き継いでいく。声はピッコロのように高く「キョロキョロキョロリ」と美しく鳴く。青い姿も見られた。

オオルリは「ピーリーリー、ポイリーリー、ピールリ、ギィギィ」、と最後の声が跳ね上がる。コルリは「チィチィ」と前奏があって「ピールリ、ピーリュリ」「チーチョベ、チーチョベ」などと繰り返す。3種のルリともに大変歌がうまいので、一堂に会しての演奏会を開きたいほどだ。

●ホトトギス

ホトトギスのさえずりの聞きなしはだれでも知っているように「トッキョキョカキョク（特許許可局）」というもの。ところが、ホトトギスのまわりで「キョローン」と異様な鳴き方をしている鳥がいた。ICレコーダーを構え、20分間でひと声だけ録音できた。

さっそく上田先生に聞いてもらったところ、ホトトギスのメスの声で非常に珍しいものだという。メスの鳥はふつう鳴かないが、ホトトギスのメスはオスを集めるために年に数回、ひと声鳴くらしい。するとオスが集まり激しく鳴きかわす。その珍しいメスのひと声を録音するという貴重な体験をした。

●ミソサザイ

スズメより小さく体重が十円玉2枚分くらいしかない小さな鳥がミソサザイだ。ミソサザイは藪《やぶ》のなかで、ひっきりなしにおしゃべりするようにさえずる。しかも鳴き声がかん高くて大きい。

「キリキリジージーチッチッ」とリズミカルに「ねぇねぇ聞いて聞いて。いま僕ねとても楽しくてみんなに伝えたいんだよ」とかわいらしく語りかけてくるようだ。谷間の声がするほうを探すと、小さな鳥だが姿が見つかるかもしれない。永島敏行君に、石丸さんに似てると指摘された鳥でもある。

●カラ類

カラ類という野鳥の仲間があり、シジュウカラ、ゴジュウカラ、ヤマガラ、ヒガラ、コガラなどがよく知られている。カラ類は頬のまわりが白く、シジュウカラの胸の模様は、まるで黒いネクタイをしているように見える。

町中でも多く見られる。人によく慣れているので逃げないし、山では道案内をしてくれることもある。むかし縁日でおみくじ引きの芸を見せていたのがヤマガラ。ゴジュウカラは爪の力が強いせいか、頭を下に向け、逆さまになって木の幹を歩くことが特徴だ。

●ウグイス

「ウグイスを見たことがあるかい?」と聞くと「うん、あるよ」とみなさんは答える。でもそれは勘違いが多い。メジロを見てウグイスと間違えている。花札の「梅にウグイス」の鳥もメジロじゃないかな。

ウグイスは梅の木ではなく笹藪や竹藪のなかに巣を作っており、姿をなかなか見せない。色もウグイス色や緑色ではなく保護色の薄茶色。見つけるのは至難の業だ。僕が野生のウグイスの姿をはっきり見たのは55歳を過ぎてからだった。

山梨県本栖湖の南岸、富士山の好展望で知られる竜ケ岳《りゅうがたけ》(標高1485メートル)を歩いていると、笹藪から1羽のウグイスが飛び出してきた。1メートルほど目の前の枝に止まったので、姿がはっきりと見えて写真撮影もできた。

見ていてわかった。ウグイスが「ホーホケキョ」と鳴くとき、「ホケ」の部分は、頰からノドにかけていつもの3倍くらいに大きく膨らませて、強くかん高く発声する。小さな体で大きな鳴き声を出すために、こんなに力を入れているのかと感動した。

●ウソ

奥多摩の三頭山《みとうさん》（東京都・標高1531メートル）に行こうと、カーナビに「都民の森」と入力。その通りに運転して到着、歩き始めた。稜線に出て指道標を見ると「御前《ごぜん》山《やま》はこちら」とある。「あっ山を間違えた！」。道間違い、道迷いというのはあるが、山間違いをしでかしてしまった。

そのとき、「ホッヒーホー」と口笛を吹くようなさえずりがしきりに聞こえていた。頭が黒く頬がオレンジ色がかったピンク色の愛らしい鳥で、ウソという。「山を間違えてますよぉ」とウソが教えてくれていたのかもしれない。下山後、カーナビを設定し直して檜原《ひのはら》都民の森から三頭山に登った。ウソのような本当の話である。

●クマゲラ

森の中に「ココココココ」と規則的な音が響く。キツツキが木の幹を突つく「ドラミング」で、木の中の虫を食べるのだ。ドラミングが聞こえると「いま何回鳴った?」と、山の仲間同士で数当てゲームをしながら歩くのも楽しい。

日本のキツツキはコゲラ、アカゲラ、クマゲラが知られている。なかでもクマゲラは北海道と東北の一部に生息し、体長50センチもある国内最大のキツツキだ。コゲラやアカゲラが木に穿《うが》つ穴はせいぜい直径10センチ程度。ところが、僕が北海道で見たのは、直径60センチの木に幅30センチ、長さ60センチもある、スーツケースが入りそうな巨大な穴だった。

クマゲラは体が大きい。大量の虫を食べるために大きな穴をあけるらしい。いずれにしても、首のムチ打ちが心配な鳥である。

注意すべき、ヘビと虫

鳥たちを紹介してきたが、山には気をつけなければならない生き物もいる。ここではヘビとハチについて少しだけ説明しておこう。

日本の毒ヘビでは、マムシ、ヤマカガシ、ハブが知られている。最近、ヤマカガシにも毒のあることがわかったが、山で気をつけたいのはマムシだ。誤って踏みつけると反撃で噛まれる。春先から初夏はとくに危ない。

特に「キジ撃ち」「お花摘み」など、登山道を離れて草むらに入るときは要注意。マムシと遭遇することがある。草むらをストックや木の棒で叩いてから踏み入れるようにしたい。

また、高山でハチに襲われることはまずないが、低山では注意したい。ほとんどのハチは刺激しないかぎり襲ってこないが、スズメバチは例外。仲間を呼んで集団で襲ってくる。

こうなると逃げようがない。地面に伏せて顔を守るくらいしかできないだろう。スズメバチには近づかないことだ。また、ハチが体や服に止まっても追い払わないこと。ハチが驚いて刺すことがある。

じつは僕も舞台の稽古中に痛い思いをしたことがある。稽古が休憩になり、更衣室へ行ったときのこと。背中に止まったハチに気づかずそのまま服を脱いでしまった。「チクッ」と背中に強い痛みを感じてシャツを見るとハチがいた。

ちょうどそこに通りかかったのが、同い年の役者仲間。「おい、ハチに刺された。小便をかけてくれ」と頼んだ。流しまで行き、ジャーッとやってもらったわけだ。昔からハチ刺されにはアンモニア小便消毒が有効といわれていた。

さぁ、まさにジャーッとやっている最中に、若手の役者が大勢入ってきた。僕たちを見て驚いている。やがて休憩が終わり現場に入ると、彼らの僕たちふたりを見る目が明らかに違う。なにかいけないプレーを見てしまったような……。

ちなみに最近知ったのだが、「ハチ刺されにアンモニア」は医学的な根拠がなく、真水で洗い流すほうがいいそうだ。なんてことだろう。当時は常識だったのに。

いまは山用の救急用品入れに解毒用のポイズンリムーバーを必ず入れて行く。ヘビに加え、ハチ、アブや蚊に刺されたときにも有効だ。

植物を知ると山道が広がる

「この木はなんという名前だろう。樹木の名前が全部わかったら楽しいだろうな」

そう考えながら山道を歩く。

日本は植物の種類がとても豊富な国である。たとえば東京都の高尾山。ここには、なんと１６００種類以上の植物がある。これはイギリス全土に自生する植物の総種類とほぼ同じ。

樹木の名前を少しずつ覚えるようにしている。杉とヒノキの区別はわかりやすい。では、ヒノキとサワラ、アスナロとネズコの違いはわかるだろうか。

最近、僕はその見分けができるようになった。葉の裏側を見るとそれぞれに異なる特徴がある。木曽の御嶽山の近くにある赤沢自然休養林は森林浴発祥の地。案内人の方に、植林された山を歩きながら見分け方や樹木の特徴を教えてもらった。

山へ行くと、キツい登り始めにあるのが植林地帯。そこで立ち止まり、「これはヒノキ」「これはサワラ」と、葉を裏返して仲間たちに教えることがある。ナラ、ツゲ、コウゾ、シラビソなど10種ほどの樹種以上にもっとわかれば、山歩きの楽しみが深まるだろう。

また、落ち葉が積もった上を歩くと木の種類によって足元の感触が微妙に違う。どんな違いかわかるだろうか。

ヒノキの落ち葉が積もった道は高級じゅうたんの上を歩くようだ。厚みはそれほどないが、踏むとフワ～ッと高級感が感じられる。杉は厚手のフカフカのじゅうたん。杉の葉は厚さ5センチ以上にふくらんで積もる。踏みつけると足がグーッと沈み込み、それが膝にとてもやさしい。秋の山を黄金色に染め上げるカラマツ。その落ち葉の道は黄金色のビロードのじゅうたん。踏みしろとしてはヒノキに次ぐ高級感だ。

落ち葉を踏む感触に加え、音も楽しんでいる。僕が好きなのはクリやブナの枯れ葉を踏んで歩く音。シャクシャクシャクシャクシャク、さらにその上に11月ごろの初雪が乗ったとき。ミルクがけコーンフレークのようになり、ジャッ、ジャッと最高の音がする。落ち葉と新雪の組み合わせは最高。山頂を目指すことも忘れるほどで、ミュージシャンなら作曲ができるかもしれない。その次に好きなのは霜柱の上を歩く音かな。

山といえば、樹木以上の人気者がいる。そう、高山植物だ。僕はもちろん高山植物が大好きだ。ただ、名前がなかなか覚えられない。そのときは覚えたつもりでも次に出会ったとき名前がすぐに出てこない。ひとつの山でひとつの花を覚えればいいという「1山1花」。簡単なようで、これがなかなかむずかしい。10山登ってやっと1花だろうか。

厳しい環境にもかかわらず、春や夏になると愛らしい花が咲き乱れる。たくましさと健気さが同居する。そんな高山植物を紹介しよう。

●キヌガサソウ

キヌガサソウは、上高地から穂高岳《ほたかだけ》（長野県─岐阜県・標高3109メートル）を目指す途中、涸沢《からさわ》ヒュッテの手前の登山道の左側で見つけた。

直径10センチくらいの白い花が、直径30センチ以上の大きな葉の真ん中に咲いている。初めて見る花だったが、見たとたん、なぜか「あっ女王だ、いや魔女だ」と感じた。写真を撮って逃げるようにして登山道をかけ登った。

「さっきの花、怖かったね」

「そう、怖ろしかった」

仲間も僕と同じ感想だった。なにか花から見られている、のぞき込まれているような気がしてとても恐怖を感じたのだ。

その後、涸沢ヒュッテに着いて通された部屋の名前が「キヌガサソウ」だった。

「キヌガサソウってどんな花なんだろうねぇ」

仲間と話しながらヒュッテの廊下を歩いていると、まさに、さっき逃げてきた花が映っているパネルが飾られていた。「あの花がキヌガサソウ!!」。これはもう、ビックリ。キヌガサソウは日本にしかない固有種だ。ゲノムサイズ（細胞ひとつあたりの総遺伝子DNAの量）が、あらゆる生物のなかで最大級だといわれている。人間（ヒト）の約50倍もあるという。

その後、このキヌガサソウにはいろいろな山で出会っている。白い花びら（萼片《がくへん》）の枚数が６枚、８枚、10枚以上だったりと一定しない。葉の枚数も７、８枚とか10枚、探したら12枚というものも見つけた。なぜこんなことが起きるのだろう。子孫を残そうとするとき、遺伝情報が多過ぎるためコピーミスが起きるからだという。なぜキヌガサソウはヒトの50倍もゲノムサイズがあるのだろう。将来、進化したキヌガサソウが歩き始める日が来るかもしれない。

●ウスユキソウ

蛇紋岩《じゃもんがん》という岩がある。岩手県の早池峰山《はやちねさん》（標高1917メートル）と尾瀬の至仏山《しぶつさん》（群馬県・標高2228メートル）が蛇紋岩の山として有名だ。

この蛇紋岩は雨に濡れると滑りやすい。とくに下り坂。気をつけていてもツルリと滑ってしまう。転べば軽いケガではすまないだろう。至仏山の山頂から尾瀬ヶ原への道が登り専用になっているのは、こういう理由である。道の崩落を防ぐためにも下りは禁止になっているほどだ。

この蛇紋岩の岩場で育つ植物は限られていて「蛇紋岩植物」と呼ばれている。代表的なものはウスユキソウ。白い花で、ヨーロッパでいえばエーデルワイスとの呼び方も。蛇紋岩植物特有の美しい花を楽しみに山を目指す人も多い。

●マムシグサとウラシマソウ

低山の樹林帯で春先によく見かけるのがマムシグサ。直立した花穂の姿（苞《ほう》）が鎌首を持ち上げたマムシに似ている。そこから名前がついたようだ。マムシグサによく似ているのが仲間のウラシマソウだ。苞の先端が長く糸のように伸びている。浦島太郎が持っていた釣り竿の糸もこんな形なのだろう。日本らしい素敵なネーミングだ。

山の登り始めはたいてい樹林帯が広がっている。勾配の急なところが多くて体力を使う。息を整えるために立ち止まる。そんなときにマムシグサを見つける。仲間のウラシマソウも近くに自生しているのでは……と、辺りを見回す。こんなひと時が、山登りのつらさを忘れさせてくれる。

●コマクサ

北海道の雌阿寒岳《めあかんだけ》（標高1499メートル）のすぐ隣に阿寒富士《あかんふじ》（標高1476メートル）がある。ここの火山灰に覆われた荒れ地で、高山植物の女王とよばれるコマクサに出会った。

岩手山（岩手県・標高2038メートル）や秋田駒ヶ岳《あきたこまがたけ》（秋田県・標高1637メートル）には大群落がある。

コマクサは火山灰などの荒れ地、苔すら生えないところへ根を張る。高山の強風に耐えながら、ひとつの株に5つも10も花をつける。何百年もかけてほんの少しずつ株を増やし、土を肥やす。周りに植物の種類も増えてきてやがて木が生える。コマクサが生育することで、ほかの植物の進出を可能にするわけだ。

そのような物語を知ってますますコマクサが好きになった。こういった植物を「先駆植物」「パイオニア植物」という。

●チングルマ

高山で白い花の群落をみつける。チングルマだ。地面を這うように根を張る。草のように見えるが、実は木である。

花が終わった後のホワホワとした種子を覆う綿毛を「果穂《かすい》」という。これが風車のように見えることから「稚児車《ちごぐるま》」、転じてチングルマと名づけられた。白い花も可愛らしいが、このホワホワの綿毛をわざわざ見に行く人も多い。

●シラタマノキの実

北海道の十勝岳《とかちだけ》（標高２０７７メートル）で写真家の方に教えていただいたのがシラタマノキだ。その名の通り白い玉のような実をつける低木である。

彼に勧められるまま拾った実を指で潰してみた。サロメチールのような味・香りがする。潰して皮膚に塗れば筋肉痛が治るかな？　後日、別の写真家の方に、その実は甘くて美味しいと教えてもらった。本当かな？　機会があったら、ぜひ試してみたい。

第6章

さらに、山へ踏み込もう！

憧れのテント山行

のびのびした山の雰囲気を味わえるので、テント泊はとても楽しい。だから若いころはテントによく泊まった。

山小屋よりも自然を身近に感じることができる。それはそうだろう。ほとんど地面と接して寝ることになるのだから。とくに、落葉樹の落ち葉の上にテントを張るとふかふかして寝心地がいい。

ただし、初めからひとりでテントに泊まるのは危険だ。やはり先輩やベテランと一緒が良い。一度行けばその楽しさもむずかしさも学ぶことができる。

たとえば、ペグ（テントを張るロープを地面に固定する道具）を地面にどう打ち込むのか。ロープはどのように調整するのか。固定するロープワークはどうするのか。初めは戸惑うが、実際に何度かやりながら覚えていけばいい。

テントは個々にひとつずつ持って行くのもいいし、ひとつのテントにふたりなら荷物を手分けすればいい。

気心の知れた仲間と行くのがいちばん楽しい。ただし、狭いテントの中に長い間一緒にいるとケンカにもなる。とくに雨で2日間も閉じ込められたりすると、気は滅入るしだんだんイライラしてくる。「なんだ、お前の足臭いな」などと、些細なことでモメてしまう。気をつけよう。

最初のうちは山小屋の近くのテント場を使うのがお勧めだ。いざとなれば山小屋に逃げ込めるし、夕食だけを山小屋で食べられるところもある。トイレも近い。北アルプスでは予約制でレンタルテントを扱っている山小屋があるので、利用してみるのもいいかもしれない。

テント場が混んできたら音には気をつけたい。テントの中は自由な空間でも、考えてみれば外とは布一枚でしか隔たっていない。大声で夜遅くまで話すのは周囲に耳障り。

山小屋以上にマナーを守りたい。

ヘッドランプなどの明かりの扱い方にも注意したい。テント場でのヘッドランプは、手で持って自分の足元だけを照らすように使おう。明かりをテントに向けられると、非常にまぶしい。

テントならではの特権ってなんだろう？　それは晴れた日の夕焼けや、とてつもない星空にいつまでも浸っていられること。テントの入り口から顔だけを出して仰向けに寝転ぶ。目の前に広がる満天の星や天の川……。山の稜線が漆黒の額縁になるので、まるで星空の展覧会だ。気分は、最高！

テント泊の朝は、ご飯を作ったりテントを畳んだりと、やることが山ほどある。そのうち段取りが上手になり、ますます面白くなる。「面倒臭い」という言葉を使わなくなる。なにがあろうと自分でなんとかしなければならないから。

夜、雨が降ってビショビショになったテントを畳むには？　段取りがとても複雑だ。まずテント内にあるモノをまとめて外に出し、濡れないような工夫をする。その後でテントを汚さずに畳む。ずぶ濡れ状態の水分をはたき落とし、小さく畳んで防水袋に入れてリュックにしまえばいい。

とはいっても、実際に現場で段取りよく動くのはむずかしい。しかも雨が降っている。極力濡らさないように、この工程を頭のなかで整理してから始めなければならない。しかしこれも、何度かやっているうちにパパパッとできるようになるから不思議だ。

そういえば、テレビの登山番組でテントの撤収作業を見ることがない。設営は放送しているが、撤収作業は見せてくれない。まぁ、見ても面白くないからね。だけど、撤収作業がいちばんむずかしい。見どころ満載だと思うんだけど。

ビフォアー登山・アフター登山の楽しみ

自由な雰囲気のテントで泊まるのが好きな人、信仰登山に興味をもつ人、珍しい高山植物に出会いに行く人、百名山制覇を目指す人など、それぞれ山へ行く目的は違っている。ある人は登山前の気持ちの昂ぶりを求めて、ある人は下山後のアフター登山を楽しみにしている。登山の醍醐味は登っているときだけではない。それ以外にもいろいろな楽しみ方がある。

僕の場合は前夜祭が大好き。お正月より大晦日が好きだ。元旦になる前日の大晦日こそ、ワクワク感や高揚感があって楽しい。

長寿番組『世界の車窓から』の1万回記念よりも、ひとつ前の９９９９回が気になる。だから僕が記念にもらった「1万回目のナレーション原稿」の額の裏には、９９９９回目のナレーション原稿を隠してある。

「日本百名山のうち99座目達成！」という方に浅間山の山頂で会ったことがある。他人事なのに、99座目の記念写真を撮ってあげられたことに僕自身が感激していた。これが「１００座目」ならそれほどの気持ちにならなかっただろう。

山でも同じこと。頂上直下で「もうすぐ着くぞ」という感覚が好きだ。ひとつ手前のなんともいえない高揚感を味わえる。

ただ、山頂に見えてそうではない「山頂まがい」に騙《だま》されることがよくある。剱岳なら前剱、南アルプスの仙丈ヶ岳《せんじょうがたけ》（長野県―山梨県・標高3033メートル）なら小仙丈、至仏山だったら小至仏山。

いずれの山も山頂のように見えてそうではない「偽の山頂」がある。「なんだ、まだ先なのか」とガクッとくるが、騙された後にやっとたどり着いた頂上だから、感激もまたひとしおなのだ。

山へ登った後もお楽しみが待っている。僕の場合、ブログへ載せる写真を選ぶときだろうか。「山の個人記録」には、いつ、どの山に、だれと行き、どこに泊まったかくらいしか書かない。面白かったことは自分のブログのなかに書く。

ただし、「登山口から入ってどこを歩いて」という普通の紀行文のようなものとは違うのだ。だから僕のブログにヒットして読みに来た人が、「山登りの参考にまったくならないじゃないか」と思われることがあるらしい。

山を登るという行為だけに特化してしまうとまるで訓練のようになってしまう。山歩きを始める前から、下山してきてから、さらにアフター登山のお楽しみまでを含めて山を楽しみたい。

山歩きの後に写真を交換したり思い出を語りあう。写真を整理し、スライドショーを作る人もいる。

写真がどんどんたまる。画像のフォルダーを開く。赤い写真がいっぱいなら朝焼けや夕焼けがきれいな山。黒っぽい写真が多いのは天候が悪かった山。夕景はどうしても撮影枚数が多くなってしまう。刻々と変わる風景を追って撮り続けるからだ。そのなかからお気に入りの１枚をブログで紹介する。

また、登山の前夜や登山後に欠かせないことがある。満天の星の下、キャンプ場で仲間たちと肉を焼き、酒を酌み交わし語り合う。山行の最高の楽しみのひとつである。そして僕には、下山後のお楽しみがもうひとつある。温泉と蕎麦《そば》の絶妙な組み合わせだ。

「山は登ってみなければわからない、蕎麦は食べてみなければわからない」というのが僕の持論だ。下山後、温泉に入り帰る途中で蕎麦を食べる。山に登って小腹がすいているときには蕎麦がちょうどよい。

ことに八ヶ岳の帰路では至福の時間が待っている。安い公共の共同温泉浴場の近く。店構えはパッとしないのだが、とてもおいしい蕎麦屋を見つけた。湯上りの至極のひととき。本当に蕎麦は食べてみないとわからない。

引っ越しでつちかった方向感覚

僕は大分県で生まれ、大分県で育った。こう書くと、生まれた所で育ったかと思われるだろうが、残念、ハズレ。僕は高校を卒業するまで、大分県内で合計23回の引っ越しをしている。

父は地元の銀行マン。仕事柄、転勤が多かった。

「また転校？」

「えっ、またまた転校？」

しかし、慣れというのはこわい。「またまたまた転校」といわれても、「あ、そうなの」と、なぜか納得していた。

転勤が決まると社宅に一度入る。それから父は情報を集め、古風な屋敷を探してくる。武家屋敷などのお屋敷や古民家へ、引っ越すことになる。

幼稚園4つ、小学校4つ、中学校を3つ。別府で生まれ、大分県内のアチコチに移り住んだ。

その中でも、山へ遊びに行くのを日課にしていたのが臼杵《うすき》市。日曜日の朝になると、小学校の裏山に小さなおにぎりと水筒を持って友だちが集まってくる。ここで覚えたのが「ターザンごっこ」だ。

当時のテレビで人気だったターザンのマネをして木から木へ飛び移る。「大きくなったらなんになりたい？」と聞かれたときも、「ターザン！」と答えていたくらいだ。たしかに、数十年後にテレビ番組『SASUKE』に出て当時と同じ感覚を味わえた。大人になっても「ターザン」に憧れ続けている。

次の引っ越し先、竹田市で暮らした小学校6年のとき、初めて山に泊まった。父に誘われ、リュックサックと水筒を背負って出かけた。九州本土最高峰の九重山を目指して歩いた。泊まったのは法華院温泉山荘。山頂は快晴、ところどころ硫黄の匂いがする。九州の山並みも見渡せるすばらしい眺め。楽しい思い出だ。

余談だが、当時、父がなぜ僕を連れて法華院温泉山荘に泊まったのか、後でわかった。両替のためだ。

山荘の宿泊代はおそらく当時1泊200円前後。百円玉がない時代なので、一円、五円、十円、五十円玉が、大量に山荘に集まる。この硬貨回収に行っていたのだ。父のリュックサックはもちろん、僕のリュックサックにも硬貨を詰められてたな。そんなに入れなくてもいいのに。

こんな感じで新しい町に引っ越すといろいろなことに出会う。そのためにも、まず町の中をくまなく歩いてみる。どういう構造の町なのか、どこにどういったものがあるのか。どこへ行っても、僕はだいたい1週間あれば頭の中に入る。

そういう習慣がついているので、町の把握には竹田市は1週間足らず、大分市は1週間、東京は複雑なので1ヵ月、碁盤の目のニューヨークは1週間弱で把握できた。テレビや映画のロケ地の町ならば2日間、県庁所在地なら3日間ほどで、東西南北の方向までだいたいのことがわかる。

僕はこの自分の歩き方を「猫歩き」と呼んでいる。広い道路よりも横丁、細い路地が好きだ。狭いところがあると思わず入って行きたくなる。大通りよりも路地に面白いことがあるのを本能的に知っているからだ。

「壁と電柱の隙間なんか絶対に歩いちゃダメ。大物になれない」などと昔はいわれたが、細い道をたどれば道と道のつながり具合がよくわかってくる。

この東西南北に対する感覚は山歩きでも発揮される。たとえ曇っていても、こっちが東、あっちが西とすぐにわかるのだ。少々の霧のなか、初めて行った山でもわかるため、仲間に不思議がられた。幼いころからの「猫歩き」の賜物《たまもの》である。

『孤高の人』と出会って

高校を卒業し東京にやってきた。なによりも芝居が好きで役者になりたかったからだ。日本大学芸術学部演劇学科に入る。豊島区椎名町《しいなまち》での下宿生活が始まった。楽しいはずの東京生活なのになぜか落ち着かない。そうか、山が見えないのだ。いままで山がいつも見えるところへ住んでいたのに、東京ではビルにでも上らなければ山が見えない。イライラ解消に山の本を読んでみた。

初めて手にしたのは『強力伝《ごうりきでん》』。このころは、著者の新田次郎さんを「しんでんじろう」とばかり思いこんでいた。そして『孤高の人』に出会う。実在の登山家、加藤文太郎さんの登山記録(単独行)が原案になっていて、非常に大きな衝撃を受ける。「単独行」とはひとりで山に入ること。危険で死と背中合わせだ。当時、僕のように影響を受けた人が大勢いたのだろうか、登山の「単独行ブーム」が起きていた。

文中、キスリングに石を詰め込み、担いで山に登るという訓練の場面がある。さっそくこれをマネてみた。実家から送ってもらったロシア文学全集、『カラマーゾフの兄弟』など数十冊をキスリングに詰め込んだ。

量ってみると40キロもある。これを背負い、下宿していた椎名町から西武池袋線に乗って埼玉県秩父の武甲山《ぶこうさん》へ。なぜ武甲山なのか。石灰岩をとる山で有名だが、当時は東京の地図のいちばん端っこにあっていちばん高そうに思えたからだ。次の頁をめくればもっと高い山がゴロゴロあったのだが……。

実際に40キロを担いで登ってみると、これが、想像以上に重い。肩に食い込むというより、ミシミシとめり込む。目指す武甲山は標高も１３０４メートルとかなり高い。水も食料も持って行かなかった。いまから考えれば、なにを考えていたのかという、無謀な山登りだ。

途中疲れてだんだん腹が立ってきた。何度も本を捨てたくなった。やっと頂上にたどり着き、「もういいだろう。こんな本なんか捨ててしまえ」と思いながらザックを開く。

出てきたのは、『罪と罰』。

はいはい、わかりました。これを捨てると罰が当たるってことですよね。苦笑いしながらザックへ戻した。これが18歳の春、初めての本格？　登山だった。

学生流の楽しみ方

武甲山の失敗体験から、荷物の重さに耐えるのではなく「どうすれば軽くしてラクに登れるのか」を考えるようになった。キスリングに持っていくモノを詰め込む。テント・寝袋・飯盒・食料、さらに水。

そのキスリングを担いで銭湯へ行き、それぞれの重さを確認するために体重計で量る。テントだけで7キロ、これが濡れると10キロ、寝袋3キロ、食料は米1日3合として3日で1升（1・5キロ）。味噌、飯盒も水筒も重い。総じて35キロはあっただろう。

その後、登山用具を少しずつ揃えるようにした。おカネがないから山小屋よりもテントに泊まることが多い。当時は登山に関する本や雑誌も少なかったので知識もほとんどない。ようやく八ヶ岳登山の本を探し、縮尺2万5千分の1の地形図を買い始めた。

学生だから時間だけはある。芝居の合間に山を目指した。谷川岳、八ヶ岳、北アルプスへ。近場なら奥武蔵・奥秩父の山々へテントを担いで毎週のように出かける。

最寄りの駅で降りて山に登り始める。あいまいな地図しかないので山頂を目指すのではなく、山の中をただひたすら歩いた。暗くなってきたら適当なところにテントを張って一夜を過ごす。また翌朝歩き始める。だいたい山中で3泊か4泊してふもとに下りてくる。

カメラなし、メモなしなので、どこをどう歩いたのか今になっては覚えていない。クマがいる山域なのにクマへの恐怖感もなく熊鈴も持っていない。ルートマップやガイドブック通りに歩くのではなかった。思い出すと危なっかしい山行だったと反省する点が多いが、一方で、もしかすると学生流の無知な山行で、幸運にも山歩きの本来の楽しみを味わうことができたのかもしれない。

鬱屈してないと、ダメかな

自分流の気ままな登山を続けていた20歳を過ぎたころ、親友が山で亡くなった。そんなこともあり、「自分はなにをやっているのか」と考え始める。芝居をやるために上京してきたはずなのに、なにをやっているんだと。

3年生になったとき、芝居をやるために大学をやめた。山歩きも、やめた。山歩きは楽しすぎる。芝居ひと筋の気持ちでいかないと役者になれない。中途半端な考えではなにも手に入れられないと思ったからだ。

そのころ僕にとっては、芝居に関わるルートがほとんど見当たらなかった。学生演劇では限界があるし、事務所に入るルートもわからない。オーディションというものもまったくなかった。

下宿を出た。渋谷のラブホテルの地下で住み込みのアルバイトをしながら俳優の道を目指す。縁があって、つかこうへいさんの事務所へ入ることができた。
「俳優以外のことをしてはいけない」
「アウトドアスポーツなんかしてはいけない」
「俳優は鬱屈《うっくつ》していたほうがいい。スポーツなどで発散するな。発散すると役者として
ダメになる」
当時、どの先輩もそんな考え方だった。朝までお酒を飲んでいればいい。そんな世界
だった。だから所属していた劇団では、僕が山登りをしていたことを誰ひとり知らない。
1982年、29歳のとき、劇団「つかこうへい事務所」が解散した。その後、仕事が
3ヵ月に1回くらいしかない。確定申告をするとおカネが還付されると聞き、税務署の
相談コーナーに行って手続きをした。
そのときの年収が10万円。還付金は、1万円だ。その1万円がすごくうれしかった。
「こんなに戻ってくるんだ。1割ももらえるのか」
思わず口角が上がりそうになったとき、窓口担当の人と目が合った。なんといおうか。

ボロボロになった捨て犬を見るような目。

「あぁ、この人はあと3年くらいで死んじゃうんだろうな」

という哀れみの目だった。そのときは1万円が還ってくるうれしさで気がつかなかったが、あとで思い返してみると当時の僕がとても哀れに見えたのだろう。そりゃ、そうだよね。年収が、100万円じゃなくて、10万円なんだもの。

ナレーション仕事に救われた

つかさんが最後に関わっていたのがテレビ東京のドラマ『つか版・忠臣蔵』。そのときのプロデューサー網野英夫《あみのひでお》さんからナレーションの仕事を紹介してもらった。『おーわらナイト』という30分番組。スポーツ選手や若者を応援するドキュメンタリーだ。第1回は「がんばれ! 小錦八十吉《こにしきやそきち》」で、大関昇進前の小錦関を採り上げた。これが好評。

実は当時、しゃべりが苦手というわけではないが、役者仲間からはたいそう評判が悪かった。

「しゃべる仕事はやめろ」

「なにをいっているのかわかりにくい」

僕の声はハスキーで、チェロのような弦楽器のようだといわれる。当時は、妙にかん高かった。実際に『おーわらナイト』の仕事を始めてみると、テレビ局のスタッフが頭を抱えている。

「本当にこの人でいいんですかぁ～」

そのとき、網野プロデューサーが切り返してくれた。

「僕がいいといったらいいんだ」

この言葉のおかげでなんとか2年間続けられた。

そして33歳になった1987年、プロデューサーの岡部《おかべ》憲治《けんじ》さんから突然の連絡。

「『世界の車窓から』という番組名で《世界を列車で旅する若者の番組》を作りたい。

ナレーションをやりませんか」

2度目のナレーションの依頼だった。「楽しそうにしゃべる人」を探しているときに、『おーわらナイト』を見て、僕に白羽の矢が立ったらしい。

『世界の車窓から』第1回の録音初日に1回だけテストを行った。「一発OK」で、その週の数回分を続けて録音した。テストはその1回だけ。それ以降、今にいたるまで、いっさいテストなし、録り直しなしでやっている。原稿に目を通し、いきなり映像を見ながらナレーションを始める。いままでダメ出しなし、特別な注文もない。「すべて僕にお任せ」である。35年で1万500回を超え、まだまだ線路は続くよどこまでも。

一方、30年前の役者の世界は監督ファースト。ホントに怒られてばかり。

今思うと、俳優としての僕は、いつも他の人より「10歳遅れ」だった。30歳のときは、20歳の感覚。ものを知らない、やり方を知らない、プロデューサーとディレクターの違いすらよくわかってない……。

40歳になってやっと、役者としてスタート地点に立てた。

山の面白さに再会

その後の趣味の方はというと、前に書いたように36歳を過ぎたころにウインドサーフインを始めた。やるからにはうまくなろうと、各種大会やプロのレースに出ていた。

ある日、福島県の猪苗代湖でウインドサーフィンの大会に出場した。レース開始の時間になったが、「風待ち」（レースに必要な風が吹くのを待つ状態）になってしまった。振り向けば磐梯山《ばんだいさん》（標高1816メートル）がきれいにそびえ立って見える。

「登ってみようかな」

そう思ったらもうガマンできない。仲間に声をかけ、何人かで登った。

頂上に立って見おろすと、でっかいと思っていた猪苗代湖《いなわしろこ》が、ちっちゃな水たまりにしか見えない。久々に爽快な気分になった。

「やっぱり山は面白い。よし、また山登りをやろう！」

道具を買いそろえ、山歩きに再び火がついた。40代後半になると海と山の両方を同時進行することになる。

60歳を過ぎると、また別の山の楽しみ方がわかってくる。山を登ることはたしかに苦しいのだが、その苦しささすらも楽しいと思えるようになった。

若いころはひとりで登るのが楽しく、脇目もふらず山頂だけを目がけて一気にビューンと登る「ピークハンター」のような登り方。

それがいまは180度変わった。花のこと、樹木のこと、石のこと、いろいろなことが見える。さらに知りたいと、好奇心が湧いてくる。仲間と登ると、そのくだらないおしゃべりが楽しい。友人との山行、人と一緒の山歩きを楽しんでいる。山でいろいろな人と出会うことが面白くなった。そして、山が好きな人同士のつき合いは、格好をつけなくていいと気づいた。髪の毛がボサボサでも、「やぁ、こんにちは!」と自然に話ができる。

すると時折「えっ!?」とびっくりするようなことも起こる。

「石丸さん、また会えましたネ」としゃべっているのは、以前、尾瀬の燧《ひうち》ヶ《が》岳《たけ》の頂上直下でお会いした方である。その方が、御嶽山の五の池小屋の食堂の混み合った中で、なぜか目の前に座っている。なんという偶然だろうか。しかも話し込んでみれば、少し前に北海道の雌阿寒岳にも同じ日にいたことがわかった。

最近気づいた山の面白さといえば山での「発見」だろうか。何百回、何千回とはいかないまでも、行くたびに登るたびに見えるものは変わる。「えっ、こんなものもあるのか」「季節が変わるとこんなふうに変化するのか」という発見や驚きがある。

都会にいるとなんにでも慣れてしまい、物事をじっくり見ることを忘れてしまっている。満員電車の隣にむかしの初恋の人がいても気がつかない。あれだけ大勢の人がいると会っていてもわからない。ただ気がつかないだけなのに。

それが山とか自然のなかへ行くと感覚の違いが顕著に出てくる。変わってくる。発見というものに対しても感度が増す。通り過ぎる、見過ごすのではなく、しっかりとモノを観察するようになる。普通の景色の中に面白さが見えてくる。

きっと山登りをして自然と触れることで、もともと人間がもっていた感度が上がり、モノをじっくり見るようになるのだろう。同じ山の同じルートでも行くたびに違って感じられる。だからこそ、同じ山に何度も通うのかもしれない。

やっぱり心は「山の初心者」で

僕はいまでも「山の初心者」でありたいと思っている。谷川岳の岩場でロッククライミングにもまれた人ではない。ごく普通の山登りのおじさんだ。

山へ行くたびに毎回驚きがある。自然が好きなので、本来であれば自然を壊さずに山に登りたい。でも実際にはムリだろう。登山道はあるし山小屋やロープウェーがある。「山が好きというけど、自然を壊している」といわれたら返す言葉がない。

若いころは米と味噌を持って山に入り、あとは自然の実りをいただいて過ごすこともした。ただ、そのやり方だと3000メートルの山には登れない。だから「人間の営みも自然のうち」と考えるしかないのだろうか。

むかしは山のどこを歩いてもよかったし、藪漕《やぶこ》ぎを自慢げに語る人もいた。いまはその感覚が通用しない。「登山道以外は歩くな」となっている。自然保護のため、仕方ないとわかってはいるが、自由に歩き回れないということは淋しく残念だとも感じる。

山が荒れていると感じたら、それがシカやサルのせいなのか、人間のせいなのかを考える。蛾が大発生すると、その原因やなんの影響なのかを知りたくなる。自然のなかにいて、自然と共に生きるとはどういうことか、考え続けながら歩くしかない。

山の初心者の僕は好奇心でいっぱいだ。

あとがき

２０２０年というこのときを、おそらく生涯忘れないだろう。何かが大きく変わった時代の始まりともいうべき今、一冊の本に筆をおろしてみて思うのは、山は、不変であるということ。我々人間の一生に比べて、非常にゆっくりとしたスピードでしか動いていない山。その山に、ちょこまかとお邪魔して道を歩いたり、お弁当を食べたり、小屋に泊まったり。その時間を全部合わせても、山から比べればほんの一瞬にすぎない。とはいえ、その一瞬の喜びのために、僕は山行きを続けている。

新たな世界規模の感染症という試練が襲い、山へのアプローチが大きく変わった。そもそも今回の感染症に関しては、山登りほど良きものはないだろうと考えている。人に接するのも少なく、密にもなりにくい。その上で、健康的な運動ができるとあれば、むしろ山登りは奨励されてしかるべきモノだと思える。ただし、ケガなどでレスキューされることを考えれば、それなりの覚悟をしなければならないだろう。特に山小屋での過ごし方もガラリと変わり始めている。

本の中で述べた事柄が、古き良き時代の想い出になるのかもしれない。

これからの山登りがどうなっていくのか。それぞれ個人が考え、行動しなければならないのか？　それとも、国もしくは、山の活動団体が、指針を促すのか？

柔軟な考え方をする登山者に任せてしまうという方法もあるが、四角四面のやり方では、うまく続かないかもしれない。いずれにしても、僕は山に登りたい。

「なぜ山に登るのですか？」山登りをする人にかけられる言葉。その質問にはこう答えたい。「それが日本にあるからです」

日本の山という、海外から見ればうらやましい限りの四季に彩られた峰々のつらなり。

高山の花や鳥たち、飛びかう蝶の群れ、どうどうとしぶきをあげる滝。沢の流れの清らかさ。息をのむ程に眩しく輝く紅葉。そして毎日のように新雪が降り積もる、ジャパウと呼ばれる雪山。日本の山という宝物を、ひとつひとつ数えるように登る。ひとつの山の頂から、さらに遠くのもうひとつの山を見つける、その喜び。

さあ、山にでかけてみませんか。アナタが歩こうとしている山道は、長い間多くの山好きヒトが、汗を流し続けた喜びの道なのです。その道を、是非繋いでもらいたい。一歩一歩。山はいつでもどこでも、一歩一歩。

2020年8月

石丸謙二郎

編集協力／篠原通良・中川　龍
本文ＤＴＰ／市川真樹子

ラクレとは…la clef=フランス語で「鍵」の意味です。
情報が氾濫するいま、時代を読み解き指針を示す
「知識の鍵」を提供します。

中公新書ラクレ
702

山《やま》へようこそ

山《やま》小《ご》屋《や》に爪《つま》楊《よう》枝《じ》はない

2020年10月10日発行

著者……石《いし》丸《まる》謙《けん》二《じ》郎《ろう》

発行者……松田陽三
発行所……中央公論新社
〒100-8152 東京都千代田区大手町 1-7-1
電話……販売 03-5299-1730　編集 03-5299-1870
URL http://www.chuko.co.jp/

本文印刷……三晃印刷
カバー印刷……大熊整美堂
製本……小泉製本

Published by CHUOKORON-SHINSHA, INC.
Printed in Japan　ISBN978-4-12-150702-0　C1295

中公新書ラクレ　好評既刊

L633 老いと孤独の作法

山折哲雄 著

人口減少社会、高齢社会を迎えたいまこそ、人間の教養として、「一人で生きること」の積極的な意味と価値を見直すべきときではないか。歴史を振り返れば、この国には老いと孤独を楽しむ豊かな教養の伝統が脈打っていることに気づくだろう。西行、鴨長明、芭蕉、良寛、山頭火……。宗教学者として、日本人のさまざまな生と死に思いをめぐらせてきた著者が、みずからの経験を交えながら、第二の人生をどう充実させるかを考える。

L682 駅名学入門

今尾恵介 著

「高輪ゲートウェイ」開業で一躍注目を集めた駅名。日本の駅名とは、そもそもどういうものか。その歴史的変遷から浮かび上がってくる、思想、そして社会的・経済的・文化的背景とは。さらに、「高輪ゲートウェイ」のようなキラキラ駅名はいかなる文脈から発想されるのか。駅の命名メカニズムを通して、社会構造の変化や地名との関係、さらに公共財としての意義や今後のあり方を展望する。多くの発見と知的刺激に満ちた本。

L698 東京レトロ写真帖

秋山武雄 著
読売新聞都内版編集室 編

15歳でカメラを手にしてから約70年。浅草橋の洋食屋「一新亭」を営むかたわら、趣味で撮りためた風景写真は、東京の貴重な記録となった。下町の風物詩や、よく知られた街の昔の姿、今は見ることがなくなった街の風景……。150枚以上の写真と逸話から、懐かしい景色が甦る。2011年12月から続く、読売新聞都民版の人気連載「秋山武雄の懐かし写真館」から72編を選んだ、中公新書ラクレ『東京懐かし写真帖』の続編。